DDR auf Rädern

Fahrzeuge im Osten

Rainer Küster

Wartberg Verlag

Rainer Küster, Journalist, Jg. 1964, ist in der DDR geboren und aufgewachsen.

Bildnachweis
Umschlag Vorderseite: Marten Hanke, Fritz Pauer, Picture alliance/Zentralbild
Umschlag Rückseite: Lissa Pauer
Innentitel: ullstein-probst, Olaf Borsitz, Ronald Küster
Impressum: picture alliance/Zentralbild
Innenteil: Picture alliance: S. 8o, 21, 26 (2x), 31, 36 o, 41 u, 42 m, 43, 44 u, 51 u, 57 o; Picture alliance/
Zentralbild: S. 3 o, 4, 6 (2x), 8 u, 14, 15 (2x), 16, 20 (2x), 22, 24 u, 25 u, 27 u, 29 o, 30, 32o, 34 o, 35 u, 356 u,
37 o, 40 o, 41 o, 42 o + u re, 44 o, 45 o, 48 u, 51 o, 52, 55 u, 56 (3x), 57 u, 58 li, 60 u re + li, 62 o, 63 (2x);
Picture alliance/Helga Lade: S. 3 u, 10; Helmut Küster: S. 5 u; Rainer Küster: S. 5 o; Kathrin Ritschel: S. 7 (2x);
Picture alliance/dpa: S. 9; Ullstein-Lehnartz: S. 11; Dirk Schmidt: S. 12 o; Ullstein-DHM/Schwarzer: S. 12 u;
Fritz Pauer: S. 13 o; Antje Veckenstedt: S. 13 u; Siegrid Knieling: S. 17, 19 o, 40 u; Thomas Müller: S. 18; Ralf
Küster: S. 19 u; Ina Oswald: S. 23; Hans-Jürgen Hanke: S. 24 o; Syrina Otto: S. 25 o; Picture alliance/Ulrich
Hässler: S. 27 o; Ullstein-Roger Viollet: S. 28; Hellmut Rickmann: S. 29 u; Picture alliance/allover: S. 33 o;
Ullstein-almonat: S. 33 u; Picture alliance/dpa: S. 32 u, 35 o; Picture alliance/pap: S. 34 u; Olaf Borsitz: S. 37 u;
Ullstein-probst: S. 38 (2x), S. 39 o + m; ullstein-Bladt: S. 39 u; Adriana Ullbrich: S. 42 u li; Rico Küster: S. 45 u;
Sören Hanke: S. 46 (2x); Ina Oswald: S. 46 o; Lissa Pauer: S. 47 (2x); Lissa Pauer: S. 48 o; Werner Richey: S. 49
(2x); Ullstein-Winkler: S. 50 o li; Edgar Seidel: S. 50 o re; Tino Hanke: S. 50 u re; Gerd Trippner: S. 53 o li, 54;
Egon Pauer: S. 53 (2x); Picture alliance/alg-images: S. 55 o; Anne Winkler: S. 58 re; Heidrun Klawitter: S. 59,
60 o; Marten Hanke: S. 61 (2x); Siegrid Schmidt: S. 61 u, 62 u

3. Auflage 2012
Alle Rechte vorbehalten, auch die des auszugsweisen Nachdrucks
und der fotomechanischen Wiedergabe.
Layout: Jochen Ebert, Kassel
Druck: Thiele & Schwarz, Kassel
Buchbinderei Büge, Celle
©Wartberg Verlag GmbH & Co. KG
34281 Gudensberg-Gleichen, Im Wiesental 1
Telefon (0 56 03) 9 30 50
www.wartberg-verlag.de
ISBN 978-3-8313-2225-1

Der Weg zum Auto

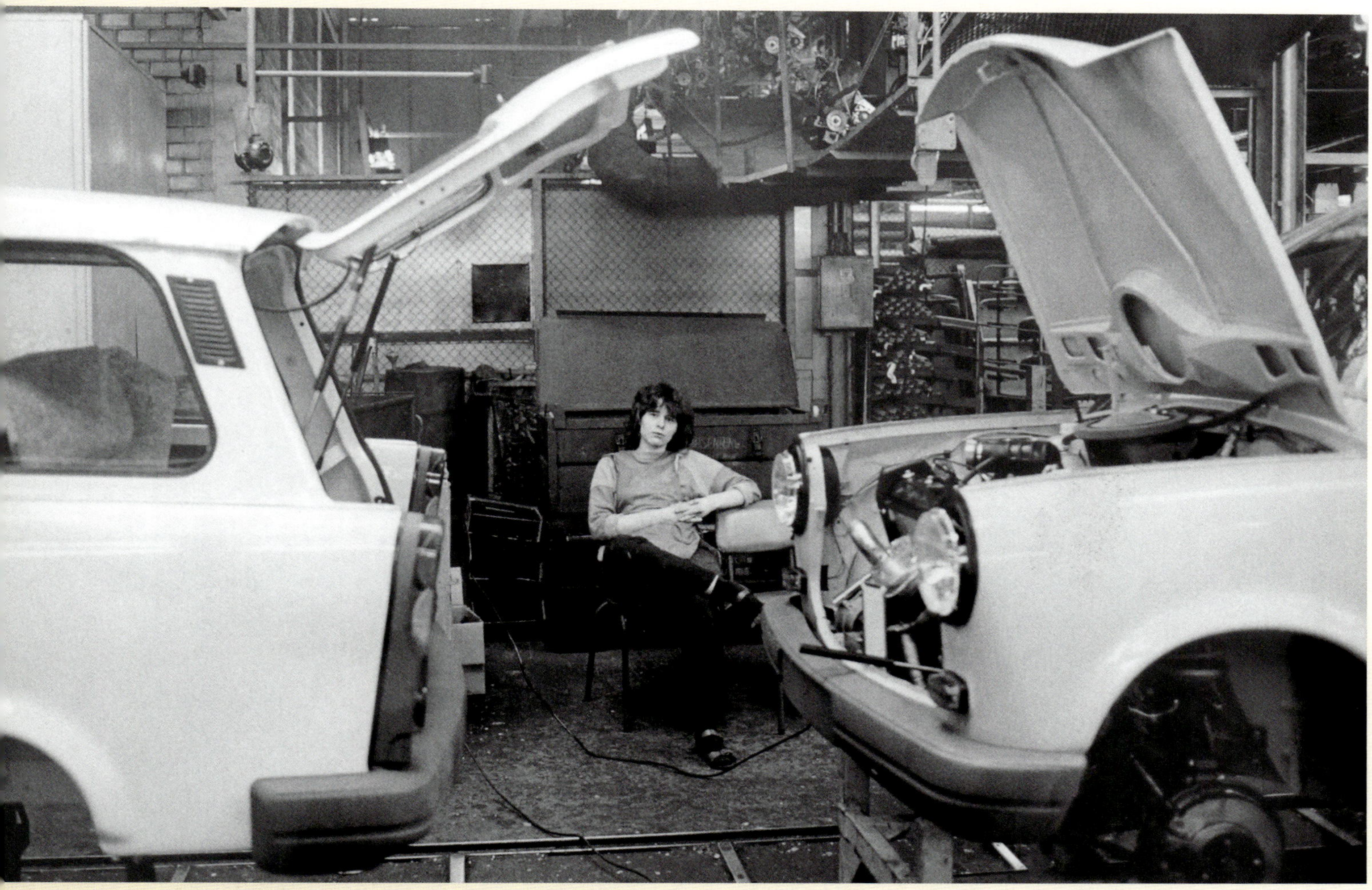

Nicht nur bei den Käufern waren Wartezeiten angesagt. Auch die Arbeiter im Zwickauer Werk mussten mitunter warten, wenn mal wieder Teile fehlten.

Von der Not zur Tugend

Karosserie aus Duroplast; zukunftsweisender Frontantrieb; neun Jahre vor dem Golf I ein Auto mit Schrägheck; PKW mit Wankelmotor; das weltweit erste asymmetrische Abblendlicht; ein Motorrad, das sieben Weltmeisterschaftstitel im Geländesport gewann ... dies sind nur einige Innovationen aus dem DDR-Fahrzeugbau. Nicht alle Ideen setzten sich durch. Viele scheiterten an fehlenden Rohstoffressourcen und politischer Inkompetenz. Aber all diese Entwicklungen zeigen auch, dass es östlich der Elbe engagierte Fahrzeugbauer und intelligente Ingenieure gab. Menschen mit Benzin im Blut; Pioniere, die aus der Not eine Tugend machten und damit nicht selten der gesamten Motorwelt neue Wege zeigten. ▶

Blick auf den Auslieferungsparkplatz des Zwickauer Sachsenring-Werkes. Auf den ersten Blick mochte man kaum annehmen, dass es sich selbst beim Trabant um einen »Engpass« handelte.

Im Überseehafen Rostock warten Pkw vom Typ »Wartburg« auf den Abtransport nach Großbritannien.
Die Fahrzeuge wurden in Eisenach mit einer speziellen Rechtssteuerung für England ausgestattet.

Heute ist kaum noch bekannt, dass selbst das als NSW bezeichnete »Nichtsozialistische Wirtschaftssystem« mit Automobilen aus Zwickau oder Eisenach versorgt wurde. Auf dem Foto links beispielsweise warteten einige Wartburg 353 im Überseehafen Rostock auf ihre Reise nach Großbritannien.

Aber die sich aus dem PKW-Mangel entwickelnde Marktlage hatte auch Vorteile. Wo sonst auf der Welt stieg ein Konsumgut im Preis, wenn es aus zweiter oder dritter Hand verkauft wurde? Wo sonst auf der Welt konnte man allein die künftige Existenz einer Ware, die zu diesem Zeitpunkt noch nicht einmal existierte, zu ihrem eigentlichen Preis verkaufen? Wer 1987 eine neun Jahre alte Trabant-

So sah sie aus, die begehrte PKW-Anmeldung des IFA-Vertriebs. Mit diesem Exemplar, das für eine Wartburg-Limousine (WL) ausgestellt war, hätte der Eigentümer etwa im Jahr 2002 die Mitteilung erhalten, dass er sein Fahrzeug abholen kann.

Vor allem in den ersten 20 Jahren nach dem Krieg löste schon der Kauf eines Mopeds oder Motorrads ein Freudenfest in der Familie aus. Bei dem Preis von 1265 Mark für ein einsitziges Mokick ist das auch nachvollziehbar.

Anmeldung hatte, die voraussichtlich (genau konnte einem das niemand sagen) 1988 fällig wurde, konnte diese durchaus zum Preis eines Neuwagens an einen Interessenten verkaufen. Damit hatte man dann zwar bei Auslieferung den doppelten Neuwagen-Preis bezahlt (einmal für die Anmeldung und einmal für das Auto), fuhr damit jedoch meist immer noch günstiger, als wenn man sich auf dem Leipziger Schwarzmarkt einen fünf Jahre alten Gebrauchten gekauft hätte.

Die ökonomischen Grundlagen dieser Vorgänge würden heute wahrscheinlich die intellektuellen Grundfesten eines jeden BWL-Studenten erschüttern. Und doch waren sie vor nicht allzu langer Zeit Realität. Eine Realität, die es 17 Millionen Menschen erlaubte, auf 110 000 Quadratkilometern sich selbst, ihre Familien und auch Waren hin und her zu fahren. Mit Fahrrädern, Mopeds, Personen- und Lastkraftwagen und manchmal sogar mit Traktoren oder selbst gebauten Vehikeln. ■

Am Anfang stand der Anfang

Nach dem Krieg wurden dem legendären Horch-Logo erst einmal die Flügel gestutzt und ein schweres »VEB« auf den Rücken geschnallt.

Mai 1945 – der Krieg war zu Ende, die sowjetische Besatzungszone lag, wie ganz Deutschland, quasi in Schutt und Asche. Die wenigen Produktionsstätten, die den Krieg halbwegs unversehrt überstanden hatten, wurden oftmals demontiert und in die Sowjetunion gebracht. Das galt nicht nur für Maschinen und Anlagen, sondern auch für Fachkräfte (vor allem Ingenieure) und das, was heute Knowhow genannt wird.

An die Produktion von Automobilen oder deren Weiterentwicklung war zunächst nicht zu denken. Wer Glück hatte, konnte ein Pferdefuhrwerk sein Eigen nennen, wer Pech hatte, musste seinen Handwagen selbst durch die zerstörten Straßen ziehen. Sofern ihn die Russen nicht konfisziert hatten, verfügte hier und da ein Bauer vielleicht noch über einen alten Opel Blitz mit Holzvergaser oder einen Lanz Bulldog. Es war ohnehin besser, diese Fahrzeuge zu verstecken, bis wieder Ruhe und halbwegs geordnete Verhältnisse eingekehrt waren.

Doch bei Horch in Zwickau, bei BMW in Eisenach oder in den Motorradwerken Zschopau und an anderen ostdeutschen Standorten der einstigen Fahrzeugindustrie klapperte und werkelte es zwischen Trümmerteilen und Maschinenschrott. Nicht selten sogar klammheimlich. Geschweißt wurde am Tag, damit die Russen des Nachts den Lichtbogen nicht sehen und das Schweißgerät auf den Zug gen Moskau verladen konnten.

Es waren jene größtenteils unbekannten Pioniere der ersten Nachkriegsjahre, die den Fahrzeugbau in der sowjetischen Besatzungszone wieder möglich machten. ■

So sah es oftmals aus, das mobile Erbgut, mit dem der Wiederaufbau nach dem Zweiten Weltkrieg begonnen wurde.

Sachsen: Das Kernland des Automobils

Natürlich schaute spätestens seit den 60er-Jahren jeder DDR-Bürger nicht ohne Neid auf all die Mercedes, Volkswagen oder Audi, die im Frühjahr und Herbst über die Transit-Strecken zur Leipziger Messe rollten. Unzählige Kinder standen am Straßenrand und seufzten: »Die können Autos bauen!« Dabei wussten vor allem unter den Kindern und Jugendlichen die wenigsten, dass die von ihnen bewunderten Fahrzeuge ihren Ursprung ganz in der Nähe hatten: in Zwickau, in Chemnitz (das damals noch Karl-Marx-Stadt hieß) oder in Eisenach.

Schon vor dem Krieg war Sachsen der Motor unter den Motoren. Bereits 1909 baute der Ingenieur Hugo Ruppe in Markranstädt bei Leipzig den legendären MAF (Markranstädter Automobilfabrik). Auch wenn sich der Ruf dieses Fahrzeuges heute weniger auf seine Leistungsdaten als vielmehr auf seine Seltenheit bezieht (vom MAF F 5/14 soll es weltweit nur noch zwei Exemplare geben), hat das Automobil aus Markran-

Dieses Fahrzeug aus der Markranstädter Automobilfabrik drehte noch in den 1990er-Jahren als Attraktion auf einem holländischen Karussell unerkannt seine Runden. Heute ist es eines der wenigen erhaltenen MAF-Exemplare.

Deutsches Know-how auf amerikanischer Technik: Das Messko-Thermometer zeigt die Kühlwassertemperatur im Ford-Motor an.

städt zu seiner Zeit Geschichte geschrieben. Doch würde das allein sicher nicht den Ruf Sachsens als Kernland des deutschen Automobils begründen.

Kennen Sie die Marke mit den vier Ringen? Klar, Audi kennt doch Jeder! Aber wussten Sie auch, dass jeder einzelne dieser Ringe aus Sachsen stammt? Als die Auto Union AG am 29. Juni 1932 (mit Sitz in Chemnitz) gegründet wurde, bekam jedes der vier Gründungsmitglieder einen Ring im Emblem: DKW aus Zschopau, Wanderer aus Chemnitz sowie Audi und Horch aus Zwickau. Vollzogen wurde diese Union insbesondere auf Druck der Sächsischen Staatsbank, die danach mit rund 90 Prozent des Aktienkapitals Mehrheitseigner war.

Auch Bernd Rosemeyers legendären Renn-Audi zierten die vier Ringe aus Sachsen.

Diese Tradition im Fahrzeugbau und das mit ihr verbundene Fachwissen waren neben einigen unzerstörten und von den Sowjets nicht abgebauten Anlagen das größte Kapital, das zum Wiederaufbau der Fahrzeugindustrie im Osten genutzt wurde. ■

Die Produktionslinie des Trabant im Jahre 1976. Hier wird gerade letzte Hand angelegt, bevor die »Duroplast-Bomber« das Werk verlassen.

Horch, was fährt da draußen rum?

Eine der letzten bei Horch gebauten Nobelkarossen: der Horch 830 BL aus dem Jahre 1939. Ab 1946 begannen die sparsameren Zeiten an der Mulde.

Nachdem die Amerikaner im April 1945 die Stadt Zwickau und die Horch-Werke besetzt hatten, erfolgte bereits am 30. Juni 1945 deren Abzug und damit die Besetzung durch die Sowjetarmee. Alles, was durch die Bombenangriffe in den letzten Kriegstagen nicht zerstört wurde, ließen die Sowjets demontieren und als Reparationsleistung nach Russland schaffen.

Am 17. August 1948 wurde die Zwickauer AUTO UNION enteignet, aus dem Firmenregister gelöscht und statt ihrer die VEB Kraftfahrzeugwerke Horch gegründet. Den ostdeutschen

Audi-Standorten erging es nicht anders, sie wurden zum VEB Kraftfahrzeugwerke Audi. Wanderer wurde dem VEB Büromaschinenwerk geopfert und DKW avancierte unter dem Markenzeichen MZ (Motorradwerk Zschopau) zum führenden Motorradhersteller im Ostblock.

Es dauerte einige Jahre, bis man in der DDR wieder auf wirkliche Eigenentwicklungen im PKW-Bau verweisen konnte. Eine der Ersten kam aus dem Hause Horch und wollte an die alte Tradition der Zwickauer Oberklassewagen anknüpfen. Und wer sich den zwischen 1956 und 1959 gebauten Sachsenring P 240 anschaut, der sieht, dass dies durchaus gelungen war. Majestätisch kam er daher, mit viel Chrom und Weißwandreifen, einer mondänen Front und hatte auch an inneren Werten einiges zu bieten. Die ersten Exemplare hatten noch das legendäre Horch-Logo auf der Haube.

Sogar die internationale Fachwelt war sich einig: der P 240 liegt technisch voll im Trend der Zeit. Die Sechszylinder-Viertaktmaschine mit einem Hubraum von über 2,4 Litern brachte 80 PS auf die Straße und konnte das zwei Tonnen schwere Gefährt auf immerhin 140 km/h beschleunigen. Doch das edle Fahrzeug war den russischen Alliierten zu edel. Die sowjetische Militäradministration verbot den Bau von Luxuslimousinen und besiegelte damit das Aus für dieses Modell. Wahrscheinlich wäre dieses Ende aber auch ohne sowjetisches Zutun gekommen. Immerhin verschlang der überwiegend in Handarbeit gefertigte P 240 ganze 2 500 Arbeitsstunden und kostete den Käufer die unglaubliche Summe von 27 000 Ostmark!

Das waren fast fünf Jahreslöhne eines Durchschnittsarbeiters. Kein Wunder, dass der Sachsenring P 240 fast ausschließlich vor Behörden oder in den Garagen von hochrangigen Parteifunktionären zu finden war.

Obwohl schon 1952 die VEB Horch und Audi zum VEB Sachsenring Kraftfahrzeug- und Motorenwerk Zwickau/Sa. zusammengeschlossen wurden, wurde der P 240 quasi noch als Horch gebaut. Die ersten Modelle aus dem Jahre 1956 hatten das geflügelte »H« auf der Motorhaube.

Eine kleine Renaissance erlebte der P 240 noch einmal im Jahre 1969. Anlässlich des 20. Jahrestages der Gründung der DDR verließen ganze fünf Exemplare eines viertürigen Cabriolets das Band, die unter dem Begriff »Sachsenring P 240 Repräsentant« an die NVA geliefert wurden. Das Fahrgestell ist tatsächlich mit dem legendären P 240 verwandt, Karosserie und Seitenlinie sind jedoch eher dem Wartburg entlehnt. ■

Mit dem Fahrgestell vom P 240 und wesentlichen Design-Zügen aus den Unterlagen des Wartburg 353 zeigte sich der »Sachsenring P 240 Repräsentant«.

Mit der Kraft der zwei Kerzen

Von Ahlbeck auf Usedom (Foto) bis Zittau im Süden bevölkerte der Trabant 500 bald die ganze Republik.

Nur ein Jahr nachdem in Eisenach der erste Wartburg der Baureihe 311 vom Band rollte, verließ 1957 in Zwickau ein Gefährt die ehemaligen Horch-Hallen, das in vielerlei Hinsicht ein Novum war. Mit einem luftgekühlten Zweitakt-Aggregat, zukunftsweisendem Frontantrieb und einer um 90° gedrehten Krückstockschaltung wies der P 50 bereits aus technischer Hinsicht geradezu sensationelle Neuerungen auf. Dass die Beplankung jedoch aus Bauteilen bestand, die man aus Plaste und Baumwolle zusammengemischt hatte, wollte selbst die Fachwelt zunächst kaum glauben. Aber die Vorteile zeigten sich recht bald. Duroplast, wie das »Trabi-Blech« genannt wurde, rostete nicht und war so leicht, dass die 0,5-Liter-Maschine den P 50 bei 18 PS locker auf 100 km/h (manchmal auch etwas mehr) brachte. Außerdem stand Tiefziehblech auf der Embargoliste der West-Alliierten und das russische Äquivalent war für den Autobau ungeeignet. ▸▸

Das Tuning eines Siegers

Noch heute behaupten böse Zungen, dass der Trabant den Luftwiderstandswert einer nach vorn geöffneten Halbkugel besessen hätte. In der Tat präsentierte sich das Fahrzeug auf den ersten Blick so, als hätte es nie einen Windkanal gesehen.

Aber wer sich die Limousine des Trabant 601 genau anschaut, wird schnell feststellen, warum es in der DDR kein Automobil gab, das wie der Trabi in den Verkaufslisten immer auf Platz eins stand. Dem Trabant wurde der Erfolg sozusagen in die Wiege gelegt: er hat die Form eines Siegerpodestes! ∎

Der Nachteil des Trabant: Was sich bei anderen PKW aus Blech in einer Beule mit etwas Lackschaden geäußert hätte, endete bei Duroplast in einer Splitter-Orgie, die eher an einen Totalschaden erinnerte.

Trabant als Vorreiter beim Klimaschutz

Wenn heute jemand in seinen Wagen steigt, geht die Hand oft automatisch zum Schalter für die Heizung, die Klimaanlage oder gar die Sitzheizung. Diese Anlagen benötigen Energie und deren Erzeugung belastet unsere Umwelt. Bei Sachsenring, so der Volksmund, dachte man schon Jahrzehnte vor Bekanntwerden des Klimawandels ökologisch. Die Klimaanlage beispielsweise funktionierte umweltgerecht und konnte durch die Stellung der Seitenscheiben sogar stufenlos reguliert werden. Ähnlich verhielt es sich mit der Sitzheizung. Die wurde einfach und praktisch mithilfe der eigenen Körperwärme reguliert.

Der Clou jedoch war die Heizung des Fahrzeuges. Durch ein ingenieurtechnisch meisterhaft ausgeklügeltes Rohrleitungssystem gelangte die Abwärme des Motors (die heute meist sinnlos an die Umwelt abgegeben wird), umweltfreundlich ins Cockpit. Da man bei einem stehenden Fahrzeug keine Heizung braucht, war sie in diesem Falle auch nicht verfügbar. Dagegen stieg die Heizleistung des Aggregats parallel zur Fahrgeschwindigkeit. Das System wurde so konstruiert, dass kritische Heizwerte erst bei einer Geschwindigkeit ab 150 km/h erreicht werden konnten, was wiederum durch die passende Dimensionierung des Hubraums ausgeschlossen wurde. ■

Die »500er Pappe« war der Liebling fast aller Familien und wurde auch entsprechend gepflegt. Dabei konnte man auch großzügig mit Wasser arbeiten, denn Duroplast-Teile können nicht rosten.

Laut war er leise

Dass der Trabant angeblich lauter wurde, je mehr Last er zu transportieren hatte, mag physikalisch erklärbar sein. Große Menschen wiegen nun einmal mehr als kleine und da haben die zwei kleinen Zylinderchen mehr zu leisten. Trotzdem war es beim Trabi genau umgekehrt. Ab 1,90 Meter Körpergröße hat der Fahrer sogar kaum noch Motorengeräusche wahrgenommen. Er konnte sich während der Fahrt mit seinen Knien die Ohren zuhalten. ■

»Na komm, steig ein!«

Es ist so weit: der Tag aller Tage! Eine Familie aus dem Vogtland darf ihren neuen Trabant abholen. Der Parkplatz in Mosel war für Autofreunde so etwas wie der Eingang zum Garten Eden.

Wahrscheinlich hätte ein Trabi aus russischem Blech so viel wie ein Thunderbird gewogen und die Motorleistung wäre schon beim Einschalten des Scheibenwischers an ihre Grenzen gelangt. So aber avancierte der Zwickauer P 50, der ein klein wenig wie eine Mischung aus dem NSU Prinz und

dem Loyd LP 600 aussieht, bald schon zum ostdeutschen Liebling und wurde nach einer Umfrage auf den Namen »Trabant« (Begleiter) getauft. Und tatsächlich machte der Trabant seinem Namen alle Ehre, begleitete er doch seinen Besitzer bis zum Ende der DDR – in über 40 000 Fällen sogar noch bis heute. ∎

Noch im Jahre 1982 leisteten die Trabant 500 aus den 50er-Jahren ihren Dienst, sei es als Familienkutsche, als Packesel beim Eigenheimbau oder bei der Belieferung des Schrebergartens.

Der Trabant »Sport«

Wenn ein und dieselbe Sache über mehrere Jahrzehnte unverändert daherkommt, man sich jedoch nach neuen technischen sowie optischen Finessen sehnt, beginnt man entweder zu träumen oder zynisch zu werden. So manches Männer- (und Frauen-) Herz sehnte sich beispielsweise nach einer sportlicheren Ausführung des Trabant 601. Die kam jedoch nicht und war auch nicht zu erwarten. Also war wieder einmal der legendäre Erfindergeist der DDR-Bevölkerung gefragt. Mit nur drei Handgriffen, so der Volksmund, hatte man seine konservative Trabant-Limousine zu einem schnittigen Trabant »Sport« umgerüstet: 1. Kofferraumklappe öffnen. 2. Turnschuhe hineinlegen. 3. Kofferraumklappe schließen. Fertig war der Trabant »Sport«. ▢

Gewankelt und gemunkelt

Natürlich war der Trabant P 50 längst nicht das Ende der Entwicklung und nicht nur die eingefleischten Fans wissen, dass nach dem P 50 (dem Trabant P 500) noch der P 600, der P 601 und zuletzt der Trabant 1.1 folgten. Deren Weiterentwicklungen waren vorwiegend visueller Natur. So erschien der P 601 ab 1964 in einem völlig neuen Design, ohne dass sich unter der Haube oder im Innern der »Fahrgastzelle« Entscheidendes getan hätte. Und doch gab es Entwicklungen, die damals ihrer Zeit teilweise weit voraus waren und manchmal nur deshalb nicht zum Tragen kamen, weil irgendein Funktionär keine Lust hatte, seine Zustimmung zu einer Materialzuweisung zu geben.

Sogar als Erntehelfer kam der Trabant zum Einsatz. Immerhin trabten unter seiner Haube 26 Pferde.

Eine dieser Entwicklungen war der P 603. Der Prototyp wies Eigenschaften auf, die noch heute nahezu unglaublich klingen. Neun Jahre bevor der Golf I auf den Markt kam, hatte der P 603 schon ein Schrägheck! Zudem verfügte er über einen Wankelmotor. Bei gleichem Hubraum wie der P 50 leistete das Kreiskolbenaggregat die dreifache PS-Zahl seines Vorgängers. Leider blieb es bei einigen wenigen Prototypen,

die 1967 nach dem Einstampfen des Projektes auf Geheiß des Politbüros der SED ausnahmslos vernichtet wurden. ▶

Auch das gab's: Eine Mini-Tankstelle mitten auf einem Fußweg im Landkreis Wolgast. Da der Trabant von vorn betankt wurde, spielte auch die Fahrtrichtung keine Rolle.

Diese Aufnahme aus der Bautzner Landstraße in Dresden spiegelt den Zustand des Verkehrswesens der DDR in den 1970er-Jahren wider wie kaum ein anderes Dokument.

Fakt ist jedoch, dass es in der deutsch-deutschen Automobilgeschichte kaum einen Vorgang gibt, um den sich so viele Legenden ranken, wie um den Verwandtschaftsgrad zwischen dem Trabant P 603 und dem VW Golf I. ■

Die Sache mit der Zentralverriegelung

Der Trabant verfügte über eine Reihe technischer Details, die in keiner Bedienungsanleitung standen und hinter die man nur mit einiger Fantasie kam. So stand beispielsweise nirgends etwas über eine Zentralverriegelung geschrieben. Aber er hatte eine! Zentralverriegelung bedeutet ja nichts anderes, als dass man das Fahrzeug von einer Stelle aus (Zentrale) komplett abschließen (verriegeln) kann. Und genau das konnte man beim guten alten Trabi. Beide Türen waren vom Fahrersitz aus bequem zu erreichen und konnten von dort aus zentral verriegelt werden. Für die Zwickauer Ingenieure war das so selbstverständlich, dass man in der Bedienungsanleitung oder der Werbung nicht extra darauf hinweisen musste. Heute nennt sich das: serienmäßige Ausstattung. ■

Die Familienkutsche aus Eisenach

Neben dem Trabant war der Wartburg der zweite Volkswagen der DDR. Mit zwei Türen mehr und Blech statt Duroplast wirkte die Familienkutsche aus Eisenach auch etwas reifer als ihr kleiner Bruder aus Zwickau.

Ganz in BMW-Tradition wurden die ersten Entwicklungen mit einer dreistelligen Typenbezeichnung (beginnend mit einer 3) versehen. Und was da ab 1956 die Werkshallen am Fuße der Hörselberge verließ, fand auch international große Beachtung. Die Wartburg 311, 312 und 313 waren nicht nur konkurrenzfähig, sondern in einigen Merkmalen ihrer Zeit voraus. Insbesondere den Wartburg 311 gab es in fast 15 verschiedenen Ausführungen, darunter das Cabriolet, ein Hardtop-Coupé und sogar einen Pickup! ▶

Der Wartburg in Europa

Dass Zweitakter stinken, bekamen die DDR-Bürger nach dem Mauerfall bei ihren ersten Abstechern in die Bundesrepublik oft zu hören. Noch viel früher aber hatten das die Briten festgestellt. Bereits im Jahre 1974 verbot Großbritannien den Import des Wartburg wegen seines Zweitakt-Motors. Hauptabnehmer im westlichen Europa waren danach nur noch Spanien, Portugal, Dänemark und Schweden. Auch in Belgien und Griechenland verkaufte sich der Wartburg anfangs noch ganz gut. Fehlende Innovationen, veraltete Technik und das fast unveränderte Design aus den 1960er-Jahren ließen allerdings bald auch in diesen Ländern die Marktanteile schwinden. ■

Eine Vollversammlung aller Wartburg-Generationen kann man heute nur noch anlässlich spezieller Oldtimertreffen bewundern.

Der Wartburg 312 wurde im Volksmund als »Zwitter« bezeichnet, weil er mit der Karosserie des 311 und dem Rahmen des kommenden 353 den Übergang zum Wartburg 353 darstellte.

Dieser Wartburg 353 wurde dann zwischen 1966 und 1988 über 1,2 Millionen Mal gebaut! Zum Preis zwischen 20 000 und 22 000 Mark und Wartezeiten von zuletzt mehr als 12 Jahren war der Wartburg zu haben. ■

Der 311er Kombi (im Vordergrund) war nicht nur geräumig, sondern auch hervorragend verarbeitet. Besonders markant waren die Panorama-Fenster im Heckteil.

Das teuerste Ersatzrad der Welt

Als am 12. Oktober 1988 die Serienproduktion des Wartburg 1.3 (mit VW-Motor) begann, hoffte man in der DDR auf ein neues, leistungsfähiges Auto. Die Freude über den Neuen aus Eisenach blieb der Bevölkerung jedoch im Halse stecken. Wer über 10 Jahre vorher einen Wartburg zum Kauf angemeldet hatte und mit den üblichen 20 000 bis 22 000 Mark rechnete, sah sich nun um fast 30 Prozent am Preis vorbei kalkuliert. Von 30 200 Mark für die Limousine bis 35 190 Mark für den S-Tourist belief sich nun die Preisspanne. Zu viel für die Bevölkerung. Sie begehrte so stark auf, dass sich Günter Schabowski im Auftrag des Politbüros der SED zur Stellungnahme im Neuen Deutschland gezwungen sah. Was da jedoch verlautbart wurde, war an Zynismus kaum noch zu überbieten. Schabowski rechtfertigte den um über 30 Prozent gestiegenen Preis unter anderem damit, dass sogar ein Ersatzrad zum Lieferumfang gehöre. Das muss dann wohl eines der teuersten je gebauten Reserveräder gewesen sein. ■

Das Sport-Coupé war noch Jahrzehnte nach Produktionsende einer der gefragtesten Personenkraftwagen in der DDR.

Bei solch interessanter Technik wurde die attraktive Frau am Steuer zur Nebensache.

Die Sache mit dem VW-Motor

»Hast du schon gehört? Der neue Wartburg hat einen Motor von drüben.« Solche Worte waren Ende der 1980er-Jahre östlich der Elbe oft zu hören. Was aber damals wenig bekannt war: Es handelte sich zwar tatsächlich um VW-Aggregate, aber »von drüben« kamen die Motoren längst nicht. Der BM 820 (für den Trabant 1.1), der BM 860 (für den Wartburg 1.3) und der BM 880 (für den Barkas B 1000-1) wurden in der DDR hergestellt. Sogar VW selbst bezog, in leicht modifizierter Form, die in Karl-Marx-Stadt hergestellten Motoren.

Hinterher ist man meist schlauer als vorher. Dieses Sprichwort bestätigte sich auch hier. Für den Lizenz-Nachbau des Volkswagenmotors mussten infolge neuer Technik und Strukturen über 8 Milliarden Mark investiert werden. Eine komplette Eigenentwicklung hätte Expertenmeinungen zufolge lediglich 4 bis 5 Milliarden Mark gekostet. ■

Autos vom großen Bruder

Seine Majestät, der Wolga

Das GAZ (Gorkowsky Awtomobilny Zawod, deutsch: Autowerk Gorki) war eine der größten Automobilfabriken der Sowjetunion. Die ursprünglichen Produktionsanlagen wurden Ende der 1920er-Jahre von Ford geliefert. Im Jahre 1956 lief hier der erste Wolga, der GAZ-M 21, vom Band.

Sowohl der M-21 als auch alle seine Nachfolger bis hin zum GAZ-24 zählten zweifelsfrei zu den Oberklassewagen des Ostblocks. In der DDR kannte man den Wolga GAZ-24 überwiegend

Der Wolga GAZ-M 21 ist der kleine Bruder der ersten sowjetischen Luxuslimousine GAS 12-ZIM.

Deutsch-Sowjetische Freundschaft im Zwei-Vier(tel)-Takt auf einem Leipziger Hinterhof bei Schneetreiben.

Das Gorki-Autowerk im Jahre 1961. Hier rollen die Wolga GAZ-M 21 vom Band.

Blick auf die Armaturen eines M-21.

Hintergrund: Der Diesel-Wolga

Mit rund 1,5 Tonnen Gewicht und einem 2,5-Liter-Ottomotor in der Grundausstattung war der Wolga GAZ-24 ein wahrer Benzinfresser. Das führte dazu, dass beispielsweise das belgische Unternehmen Scaldia den Wolga (übrigens auch den Moskwitsch) für westeuropäische Kunden mit Perkins- oder Peugeot-Dieselmotoren ausstattete.

Auch in der DDR war man erfinderisch. Das Benzinkontingent für Betriebe war knapp, doch mit Diesel sah es besser aus, weil man den aus den Kontingenten der LKW abzweigen konnte. Irgendwann kamen findige Bastler darauf, dass der Dieselmotor eines Multicar, wenn man ihn quer einbaut, exakt unter die Haube eines GAZ-24 passt. Seit diese Idee die Runde machte, waren selbst regenerierte Multicar-Motoren kaum noch zu bekommen.

Die »Deutsch-Sowjetische Freundschaft« unter der Haube des GAZ-24 hatte aber auch ihre Schattenseiten. Da die Treibstoffleitung ungeschützt am Bodenblech entlanggeführt werden musste, fror der Diesel bei Frost in der Leitung ein. ■

als Taxi oder als Behördenfahrzeug. Insbesondere die 5,5-Liter-V8-Variante wurde jedoch nahezu ausschließlich vom KGB eingesetzt.

Wie der Moskwitsch und der Saporoshez, wurde auch der Wolga für seine westlichen Kunden nach Belgien geliefert und erhielt dort vor seiner Auslieferung an den »Klassenfeind« einen anderen Motor.

Moskwitsch – schnell, schneller, verrostet

Dass der Trabant außen aus Duroplast und nicht aus dem damals noch üblichen Blech gefertigt wurde, war nicht nur knappen Rohstoff-Ressourcen zuzuschreiben. Blech wäre verfügbar gewesen – aber eben keines aus Deutschland,

sondern russisches. Da haben sich die Zwickauer Ingenieure lieber etwas Neues einfallen lassen und ein Chassis aus Duroplast entwickelt. ▸

Moskwitsch – Hintergründe

Die Wiege des Moskwitsch stand in Rüsselsheim. Die Sowjets bauten nach dem Krieg die gesamte Produktionsanlage des 1938 entwickelten Opel Kadett ab und brachten sie als Reparationsleistung nach Moskau. Bereits Ende 1947 verließ der erste »kleine Bruder« des Opel Kadett, der Moskwitsch 400, das Werk. Das Verwandtschaftsverhältnis beider Typen war unverkennbar. Bis zur Insolvenz des Werkes im Jahre 2006 wurden mehr als vier Millionen Moskwitsch gebaut.

Auch dieser junge Kraftfahrer besaß, wie viele seiner Leidensgenossen, zwei Moskwitsch 403. Das Exemplar im Hintergrund diente der Ersatzteilgewinnung, während die Familienkutsche einen Platz in der Garage bekam.

Wenn die russischen Fahrzeuge neben ihrer Korrosionsanfälligkeit ein Merkmal gemeinsam hatten, dann war es deren Geräumigkeit. Kinderreiche Familien hatten im Moskwitsch bequem Platz – samt Kinderwagen.

Der Überseehafen Rostock war auch für sowjetische Importfahrzeuge Hauptumschlagplatz.

Wie richtig sie damit lagen, zeigte sich jedoch erst einige Jahre später, als der Moskwitsch 403 und vor allem ab Mitte der 60er-Jahre der Moskwitsch 408 ins Land kamen. »Der Begriff ›Rost‹ bekommt hier eine völlig neue Dimension!«, schimpfte ein Werkstattleiter aus Leipzig.

Dennoch war das Auto nicht unbeliebt. Vor allem das Modell 412, das ab den 1970er-Jahren auf den DDR-Markt kam, hatte neben Platz und einem relativ geringen Geräuschpegel einigen Luxus zu bieten. Er hatte beispielsweise einen 1500-ccm-Motor mit einer Leistung von 75 PS! Mehr hatte nur der Wolga unter der Haube und der war für Privatleute so gut wie nicht erhältlich.

Doch die Moskwitsch-Ära in der DDR währte nicht lange. Schon Ende der 1970er-Jahre musste der Wagen der Konkurrenz aus dem eigenen Lande Tribut zollen. Der Lada lief ihm derart den Rang ab, dass ab 1979 keine Moskwitsch mehr importiert wurden.

Nur einmal noch war er für kurze Zeit auf Deutschlands Straßen zu sehen, allerdings als Lada verkleidet. Ab 1992 wurde der Moskwitsch Aleko 2141 als Lada Aleko nach Deutschland verkauft, um so vom höheren Bekanntheitsgrad der Marke Lada profitieren zu können. Es gab aber trotzdem kaum Kunden, die 1992 für ein Fahrzeug, das sich auf dem technischen Stand der 1970er-Jahre befand, 18 000 D-Mark zahlen wollten. Auch war die Materialqualität nicht überzeugend. Dass es heute, nur rund 15 Jahre nach Produktionsende, in Deutschland kaum noch einen Aleko gibt, führen selbst Fachleute auf eine ganz simple Ursache zurück: Sie sind alle schon verrostet. ▶

Der Moskwitsch 412 hatte bald das Nachsehen gegenüber dem Lada.

Moskwitsch heißt übersetzt »der Moskauer«. Hier steht er vor einem Zwickauer.

Neben Trabis und Wartburgs waren es auch die Ladas, die sich im November 1989 erstmals »Westluft« durch die Kühlerrippen blasen ließen.

Lada: der Ost-Fiat

Ganz gleich, ob man ihn nun Lada, Schiguli oder WAS nannte: der PKW aus dem russischen Togliatti war nicht nur bei Autoliebhabern der DDR das Maß aller Dinge. Der 1966 erstmals vom Band gelaufene Schiguli WAS 2101 war quasi ein Nachbau des Fiat 124, und das war immerhin das »Auto des Jahres 1967«. Zu Beginn der 1970er-Jahre eroberte er auch den DDR-Markt und behauptete ihn als beliebtester (nicht meistgekaufter!) PKW bis zur Wiedervereinigung.

So man das Glück hatte, einen Neuwagen der Marke Lada zu bekommen (die Wartezeiten lagen zwischen 14 und 17 Jahren), zahlte man mehr als 20 000 Mark dafür. Im Westen kostete das Gefährt etwa ein Drittel dessen. ■

Der 1500er Lada als Requisite im Spielfilm mit dem passenden Untertitel: »Wenn einer keine Reise tut«.

Auch mit dem »Kleinen« aus Togliatti konnte man bei Fußgängern oder Trabant-Piloten Neid erzeugen.

Das Traumauto für Besserverdiener in der DDR, der Lada 1600, wird 1984 auf der Frühjahrsmesse in Leipzig ausgestellt.

Rost oder mangelnde Liebe?

Fiat lieferte den Russen das Know-how, die Russen lieferten Fiat dafür Stahl. Die auf diesem Geschäft beruhenden Beziehungen wurden jedoch auf eine harte Probe gestellt, denn wieder einmal erwies sich sowjetischer Stahl als kaum geeignet für den Autobau. Der zu hohe Kupferanteil ließ ihn »zu schwerer Korrosion neigen«, wie nachzulesen war. Bei Fiat machten zunächst noch Witze die Runde. »Der rostet schon im Prospekt«, hieß es. Das war auch einer der Gründe, warum in den 1970er-Jahren zahlreiche Fahrzeuge direkt in die Sowjetunion »reimportiert« wurden.

Fest steht, dass es nicht wenige Fiat gab, die es in Italien und anderen westeuropäischen Ländern ohne Winkelschleifer, Schweißgerät und Reparaturlack nicht einmal bis zur ersten Hauptuntersuchung geschafft hätten. Andererseits haben die gleichen Modelle mit dem gleichen Blech in der DDR mehrere Jahrzehnte durchgehalten. Lag es nur an der Liebe und Pflege? ■

Tschechische Technik auf ostdeutschen Straßen

Der Skoda: BMSR-Technik aus dem Bruderland

Die Zusatzbezeichnung »BMSR« bekam der Skoda von der DDR-Bevölkerung erst verliehen, als die Modelle 1000 MB und S 100 auf dem Markt waren und ihre Schwächen offenbarten. BMSR hat demnach nichts mit einer besonders ausgeklügelten Betriebs-, Mess-, Steuer- und Regeltechnik zu tun, sondern war lediglich die Abkürzung für »Böhmisch-Mährischer Schnellroster«. Und in der Tat verlangten

beide Modelle ein hohes Maß an persönlicher Zuwendung und Pflege. Wer das aber im Griff hatte, mehr für Pflegemittel als für Benzin ausgab, mit seinem Skoda nur sonntags fuhr und selbst das nur bei strahlendem Sonnenschein, der konnte lange mit ihm fahren.

Das Charakteristikum des 1000 MB war sicherlich der Heckmotor. Dieser Skoda war für viele Jahrzehnte der weltweit letzte in Massenfertigung hergestellte Hecktriebler, der in Produktion ging. Auch wenn die Ingenieure aus Mladá

Paris 1960: Das Cabriolet des Skoda Felicia im Salon de l'automobile.

Dieses Front-Tuning war fast schon charakteristisch für den Skoda. Da er aufgrund des Heckmotors vorn keinen Kühlergrill besaß, konnte man den Platz für Halogen-Scheinwerfer nutzen.

Boleslav damit möglicherweise weit abseits des damaligen Entwicklungstrends lagen, war doch der Aluminium-Motor im Heck des Fahrzeugs zukunftsweisend. So zukunftsweisend, dass er fast unverändert in die späteren Modelle Favorit, Felicia und sogar noch in einige Fabia-Grundmodelle der 90er-Jahre eingebaut wurde.

Fast noch legendärer als der 1000 MB war der Octavia. Nicht nur, dass dieser in der Regel eine höhere Resistenz gegen Rost aufwies. Auch die Zuverlässigkeit, Robustheit und vor allem die Geräumigkeit waren beliebt bei den Octavia-Besitzern. Die Kastenversion des Octavia wurde erst 1981 eingestellt – nach 47 Produktionsjahren!

▶ *»Finger weg! Der Skoda gehört meinem Vater.«*

Promi-Skoda

Als Tatort-Kommissar Jens Hinrichs fährt er schon mal einen schnittigen BMW. Im wahren Leben jedoch lenkt der Kabarettist und Schauspieler Uwe Steimle ein knallrotes Skoda-Felicia-Cabrio durch das Land. Das Fahrzeug ist Baujahr 1961 und damit zwei Jahre älter als sein Besitzer.

Das Felicia-Cabriolet war übrigens schon früher ein sehr beliebtes Auto bei dem Promis. Armin Müller-Stahl besaß ein solches Auto und auch Angelika Domröse (Die Legende von Paul und Paula) konnte sich sehnsüchtiger Blicke der Männer auch dann sicher sein, wenn sie unerkannt mit ihrem Felicia durch Berlin fuhr. ■

Das waren noch Zeiten! Nicht an der Grenze zur BRD, sondern zur CSSR staute sich 1977 der Besucher-verkehr. Selbst der gute alte Skoda S 100 musste sich hier in Altenberg anstellen, um zurück in sein Heimatland zu gelangen.

Tatra – der Mystische

Nicht nur, weil er auf den Straßen der DDR so selten anzutreffen war, umgab den Tatra 603 eine fast schon geheimnisvolle Aura. Regelrechte Legenden wurden rund um dieses Fahrzeug geschmiedet. Und in der Tat schien es kaum nachvollziehbar, weshalb es ein so außergewöhnliches Fahrzeug in so geringer Stückzahl gab. Selbst im Westen sangen einschlägige Fachzeitschriften Loblieder auf das Auto aus dem tschechischen Kopřivnice. Doch trotz devisenverheißender Anfragen konnten die Lieferwünsche nicht erfüllt werden. Und das hatte seinen Grund. Der legendäre Tatra 603 war nämlich nicht nur ein Repräsentationsfahrzeug und damit Staatskarosse des tschechischen Präsidenten, sondern er wurde zum größten Teil in Handarbeit hergestellt.

Der Tatra 603 war, wenn man so will, der Rolls Royce des Ostens. Ähnliches galt ab 1974 auch für seinen Nachfolger, den Tatra 613. Insge-

Wie der Tatra zu seiner Typenbezeichnung kam

Nur Wenige bekamen ihn einmal zu Gesicht, noch weniger Menschen sind einmal mitgefahren und kaum einer saß je selbst am Steuer eines Tatra 603. Kein Wunder also, dass die Neider bald schon ihre Witze machten. Der bekannteste war jener: Warum heißt der Tatra ›603‹? Ganz einfach: Sechs Leute passen hinein, keiner kann ihn kaufen, aber drei Mann fahren damit. ■

Der 600er Tatra hatte es vor allem am Heck in sich. Dort befand sich der Boxermotor und auch die legendäre vertikale Heckflosse. Selbst nach China und Kanada verkaufte sich das Fahrzeug.

Etwas moderner präsentierte sich der Tatra 613.

Die letzte Staatskarosse

Den letzten noch offiziell im Dienst befindlichen Tatra 603 soll der kubanische Staatspräsident Fidel Castro besitzen. Das schneeweiße Modell hat zudem eine Besonderheit aufzuweisen, die kein anderes Fabrikat vom Typ 603 hat: Auf Wunsch des Revolutionsführers wurde sein Auto als einziger je ausgelieferter Tatra 603 serienmäßig mit einer Klimaanlage ausgestattet.

samt nur etwa 20 000 Exemplare des Typs 603 verließen in 20 Jahren das Werk.

Kein Wunder also, dass die wenigen Fahrzeuge nicht für den Verkauf an die Bevölkerung vorgesehen waren. Nachdem die tschechische Regierung und andere linientreue Repräsentanten versorgt waren, wurde die kommunistische

Aristokratie in den Bruderländern beliefert – und danach war der Tatra alle.

Als in den 1980er-Jahren auch der Partei-Adel der DDR nach einem Golf oder wenigstens einem Lada Samara greifen durfte, wurden einige Tatras dann tatsächlich an zahlungskräftige Normalbürger verkauft. Diese Gebrauchten waren dann meist schon älter als ihre neuen Eigentümer und die wiederum stellten bald fest, dass es nicht nur der Kaufpreis in sich hatte. Ersatzteile gab es kaum und was der fast fünf Meter lange und 1,5 Tonnen schwere Riese schluckte, war so schnell gar nicht zu verdienen. Der Normverbrauch lag bei 13 Litern auf 100 Kilometer! ■

Ein Oscar für den Tatra 603

Auch im Film kam die tschechische Karosse, wenn auch sehr spät, zu einigen Lorbeeren. Natürlich sah man in tschechischen Filmen und mitunter auch in DEFA-Streifen hier und da auch einmal einen Tatra über den Bildschirm flitzen, aber internationale Reputation erfuhr das Fahrzeug erst 2004. Im Oscar-prämierten Streifen »Lemony Snicket – Rätselhafte Ereignisse« fährt der an der Seite von Meryl Streep, Jim Carrey und Jude Law spielende Timothy Spall in der Rolle des Vermögensverwalters Mr. Poe tatsächlich einen Tatra 603. ■

Exoten auf vier Rädern

Zastava – Flitzer aus serbischer Waffenschmiede

Zu den Fahrzeugen, die auf den Straßen der DDR rollten, zählen auch einige Typen, die wohl bekannt waren, aber nicht zuletzt aufgrund ihrer geringen Stückzahl oder der mangelnden Beliebtheit eine eher untergeordnete Rolle spielten. Der jugoslawische Zastava beispielsweise ist eines jener Autos. Sinnigerweise war der Hersteller nicht nur ein Fahrzeugfabrikant, sondern zugleich auch eine Waffenschmiede. Bei den in der DDR zugelassenen Zastava handelte es sich um Lizenz-Nachbauten von Fiat. Die erste Zastava-Eigenentwicklung kam 1981 auf den Markt: der auch in der DDR mitunter erhältliche Kleinstwagen »Yugo«.

Der Zastava, wie ihn der »Normalbürger« kannte ...

Dass der Zastava sogar im Rennsport konkurrenzfähig war, bewies in den späten 70er-Jahren Peter Mücke. Er war mit seinem jugoslawischen Flitzer so erfolgreich, dass es selbst die Oberen des DDR-Rennsports nicht glauben wollten und ihm mehrfach Manipulationen unterstellten. Entsprechende Überprüfungen ergaben jedoch stets, dass Mücke fair siegte. ▸

... und wie ihn Rennfahrer Hans-Dieter Kessler (linkes Fahrzeug) 1984 auf dem Schleizer Dreieck fuhr.

Auch wenn er einen Bastei-Wohnwagen in die Höhen der Sächsischen Schweiz ziehen musste, machte der Dacia nicht schlapp.

Dacia – das Adoptivkind der Renault-Familie

Einer etwas größeren Beliebtheit erfreute sich der Dacia. Hier wurde von Anfang an rumänisch-französische Kooperation betrieben. Der erste PKW, der im August 1968 in Pitesti vom Band lief, war der Dacia 1100, ein Zwilling des damaligen Renault 8. Auch beim kurze Zeit darauf produzierten Dacia 1300 stand ein Franzose Pate: der Renault 12. Der Dacia 1300 wurde 35 Jahre lang produziert und die Stückzahl belief sich am Ende auf über zwei Millionen Fahrzeuge.

Auch als 1978 die Kooperation mit Renault eingestellt wurde, konnten alle weiteren Modelle eine auffallende Ähnlichkeit zum Renault 12 nicht leugnen. Im Jahre 1999 schloss sich dann der Kreis auch offiziell: Renault erwarb alle Anteile des rumänischen Herstellers.

Syrena, Polonez und Polski Fiat

Einen eigenen und nicht zuletzt deshalb erstaunlich erfolgreichen Weg ging man zu Beginn der 1950er-Jahre in Polen. Der im August 1957 vorgestellte FSO »Syrena« war eine komplette polnische Eigenentwicklung. Bis zur

Einstellung der Produktion im Jahre 1984 verließen über eine halbe Million Syrenas das Band. Zu wenig zwar, um auch in der DDR einen annehmbaren Bekanntheitsgrad zu erreichen, aber immerhin genug, um polnische Automobilgeschichte zu schreiben. Die Konkurrenz aus eigenem Hause war jedoch erfolgreicher. Der Polski-Fiat 125p lief dem Syrena und seinem

Aufnahmen aus der DDR gibt es davon selten, aber in Polen ist der FSO Syrena noch heute eine Legende.

Auch der Polski-Fiat ist ein FSO-Kind. Das italienische Lizenzprodukt wurde bei Warschau gebaut.

emplare des offiziell als GAZ-13 bezeichneten Modells gebaut. Der 8-Zylinder V-Motor lieferte bei einem Hubraum von 5,5 Litern sagenhafte 195 PS und schaffte trotzdem nur rund 160 km/h. Schuld war nicht nur das Dreigang-Getriebe, sondern auch ein Eigengewicht von über 2 Tonnen. Das sorgte letztendlich auch für einen durchschnittlichen Benzinverbrauch von 21 Litern. Die Frage, ob man sich das privat hätte leisten können, erübrigt sich. Die russische Luxuslimousine, für die Liebhaber noch heute bis zu 20 000 Euro zu zahlen bereit sind, gab es nur für Parteifunktionäre der Sowjetunion und ihrer Verbündeten. ▸

Nachfolger, dem FSO Polonez, klar den Rang ab. Auch in der DDR war der im Volksmund als »Polen-Lada« bezeichnete Polski Fiat außerordentlich beliebt.

Der Rolls Royce der Genossen

Gesehen haben ihn die wenigsten, gekannt aber hat ihn jeder: den Tschaika. In 29 Jahren zwischen 1959 und 1988 wurden, wenn man den Werksangaben glauben darf, ganze 3 179 Ex-

Am 7. Oktober 1989 kamen bei der letzten DDR-Militärparade auch die Wandlitzer Tschaikas letztmalig zu einem offiziellen Einsatz.

Der GAZ 13, die Luxuslimousine der Genossen.

Es sieht schon nach was aus, wenn
man in einer solchen Karosse sitzt
und zu den Massen winkt.

Walter Ulbricht besuchte 1966 seine Geburtsstadt Leipzig. Im Hintergrund der Dienstwagen des gelernten Tischlers: ein Tschaika GAZ-13.

ZAZ-965 oder Fiat 600? Wenngleich im kalten Rußland gebaut, verweigerte der kleine Saporoshez auch mal den Dienst, wenn in Dresden sibirische Temperaturen herrschten.

Gehasst und geliebt: der Sappo

Zu den bekanntesten der Exoten zählte zweifelsfrei der im Volksmund »Sappo« genannte Saporoshez. Dieses Fahrzeug polarisierte die Menschen. Man liebte oder man hasste ihn – es gab kein Dazwischen.

Hätte eine DNA-Analyse des ZAZ-965 noch eine direkte Verwandtschaft zum Fiat 600 ergeben, sah man seinem Nachfolger, dem ZAZ-966, ganz klar deutsche Wurzeln an. Hier hatte der Prinz 4 von NSU Pate gestanden. Selbst die Eckdaten waren nahezu identisch: selbsttragende Karosserie, Heckmotor, geringes Eigengewicht und ein sogar heute noch konkurrenzfähiger Benzinverbrauch von rund 5,5 Litern sind nur einige Beispiele. Dennoch unterschieden sich die Motoren deutlich voneinander. Der gravierendste Unterschied lag jedoch im Blech. Nicht allein, dass der Russe rund 100 kg mehr wog als sein Bruder aus Neckarsulm. Schlimmer war, dass er auch schneller rostete. Viel schneller. Aber das hat niemanden wirklich gewundert. ■

Prinz 4 von NSU oder Saporoshez ZAZ 966? Notfalls verriet das Kennzeichen die wahre Identität: hier ist es ein »Sappo«.

Das Genex-Auto

Mit dem Begriff »Geschenkdienst und Kleinexporte GmbH« konnte in der DDR kaum jemand etwas anfangen. Die Abkürzung jedoch war eines der am häufigsten hinter vorgehaltener Hand geflüsterten Worte: Genex.

Wenn ein Nachbar, Freund oder Kollege plötzlich einen Farbfernseher, eine Waschmaschine oder gar ein Auto besaß und vorher noch nie von einer Erbschaft oder Lohnerhöhung gesprochen hatte, hieß es meist: »Das hat er bestimmt über Genex bekommen.«

Die Geschäftsidee, die hinter Genex stand, war so unmoralisch, das sie fast schon wieder als genial bezeichnet werden muss. Bundesbürger erhielten den »Genex-Katalog« mit DDR-Produkten, die es in der DDR kaum zu kaufen gab und konnten diese für ihre Ost-Verwandten gegen D-Mark bestellen. Natürlich gab es hier und da auch ein West-Produkt, das in den Katalog aufgenommen wurde, aber das war selten der Fall. Erst in den 80er-Jahren gab es über Genex auch Yamaha, Volkswagen, Renault oder Fiat.

Für besonderen Unmut sorgte im Osten der Umstand, dass sich die Wartezeit beispielsweise auf einen Trabant, die in der DDR rund zehn Jahre betrug, bei Genex auf nur vier bis sechs Wochen belief. Auch die Preise waren nicht immer nachvollziehbar. Obwohl zum Beispiel ein Wartburg 353 zu jener Zeit rund 18 000 Ostmark kostete und sich der offizielle Wechselkurs zur D-Mark 1:1 verhielt, musste der West-Onkel für einen Genex-Wartburg nur 9 000 D-Mark berappen. ■

Der Trabant im Genex-Katalog. Lieferzeit: maximal sechs Wochen.

Da traute der Normalbürger seinen Augen kaum: »Die passenden Spoiler finden Sie auf den Seiten 188 und 189.«

Mit dem »Glashebe-dach« konnte man sogar ein Naturphänomen beobachten: Die Sonne geht im Westen auf!

Ohne Worte.

Genex – der Soli-Zuschlag, der niemandem auffiel

Die Genex-Kataloge warteten in der Regel mit der Überschrift »Geschenke in die DDR« auf. Zu diesen Gaben zählten neben Geschirr, Erzgebirgischer Volkskunst und anderen mehr oder weniger lebenswichtigen Dingen auch Waschmaschinen, Computer, Videorecorder, Autos und Fernseher. Und selbst solche originellen Geschenkideen wie Einfamilienhäuser gab es hier regelmäßig – Zement und Fliesen inklusive.

Genex lag der Gedanke zugrunde, DDR-Produkte für harte Devisen von Bundesbürgern bezahlen zu lassen und an DDR-Bürger zu liefern. Die Waren mussten dazu noch nicht einmal das Land verlassen. Allein die Geburt einer solchen Idee kommt einem ethischen Insolvenzverfahren gleich. Dass sie jedoch 34 Jahre lang hervorragend funktionierte und dabei fast ausschließlich von jenen Quellen finanziert wurde, denen heute schon der Solidaritätszuschlag zu viel ist, zeigt die perfide Genialität des Genex-Systems.

Zwischen 1967 und 1989 sollen der DDR laut einer Erhebung der Bundesbank 3,3 Milliarden D-Mark über Genex zugeflossen sein. Das Bilanzvermögen der Genex GmbH soll sich zum Ende der DDR laut Angaben der Zeitung Neues Deutschland auf rund 44 Millionen D-Mark belaufen haben. ■

Geschenke in die DDR. Auch der dänische Genex-Partner Jauerfood gehörte zum Devisenbeschaffungssystem »Kommerzielle Koordinierung«.

Automobil-Rennsport in der DDR

Der legendäre RS 1000 im Zwickauer Horch-Museum.

Der Ferrari des Ostens

Der Name Melkus wurde in der DDR nicht nur von Motorsportfreunden mit Ehrfurcht genannt. War Heinz Melkus zwischen 1951 und 1977 der erfolgreichste Motorsportler der DDR, erreichten die in seiner Werkstatt gebauten Fahrzeuge gar internationale Berühmtheit. Der Melkus RS 1000 fand als »Ferrari des Ostens« selbst in der internationalen Presse starke Beachtung. Nur 101 Exemplare dieses zweisitzigen Sportcoupés wurden zwischen 1969 und 1980 gebaut. Dass die Wartezeit auf einen RS 1000 nicht einmal zwei Jahre betragen haben soll, ist allerdings nur eine erheiternde Randnotiz. Bei einem Preis von rund 30 000 Mark für die meisten DDR-Bürger ohnehin unerschwinglich, ging die Mehrzahl dieser für den Straßenverkehr zugelassenen Sportwagen an Bürger, die den »Nachweis rennsportlicher Tätigkeit« erbringen konnten.

Rahmen, Fahrwerk und Motor sowie einige der Armaturen stammten aus der Serienproduktion des Wartburg. Motor, Auspuff und Getriebe

Heute kann man den »Ost-Ferrari« noch auf den Fan-Treffen der Wartburg-Besitzer bestaunen.

September 1971 auf der Rennstrecke »Hellerauer Spinne« in Dresden. Startreihe 1: Melkus RS 1000, Melkus RS 1000 und Melkus RS 1000. Die Dominanz dieser Fahrzeuge setzte sich auch in den folgenden Startreihen fort.

wurden modifiziert und eine extrem leichte Bauweise angewandt. Der Bolide hatte bei einem Eigengewicht von rund 750 kg (Rennversion) eine Nutzmasse von gerade einmal 200 kg. So gelang es dem Melkus-Team, die Höchstgeschwindigkeit der Rennversion dieses »Sport-Wartburg« auf 210 Stundenkilometer zu tunen! Böse Zungen behaupten noch heute, dass der normale Wartburg 353 selbst im freien Fall niemals eine solche Geschwindigkeit erreicht hätte.

Von den 101 gebauten Fahrzeugen des Typs RS 1000 existieren verschiedenen Quellen zufol-

ge heute noch 80 Stück, von denen man einige immer wieder auf Traditions- bzw. Fantreffen bewundern kann.

Fahrerlager unter Hammer und Zirkel

Natürlich wurden in der Dresdener Melkus-Werkstatt auch weitere Sport- und Rennwagen gebaut. Am erfolgreichsten war der mit einem Lada-Motor bestückte MT 77, eine Co-Produktion von Ulli Melkus und Hartmut Taßler. Ab 1977 gewann der Wagen so ziemlich alle Pokale und Preise, die es im Ostblock zu gewinnen gab und die Titel des Landesmeisters waren mit diesem Fahrzeug quasi bis zum Ende der DDR nahezu abonniert.

Der Automobilrennsport in der DDR war seit eh und je von einem hohen Maß an Individualismus getragen. Es gab kaum genügend Teile für die normalen Straßenfahrzeuge, geschweige denn für den Rennsport. So fuhren Melkus, Kasper, Siegert & Co. teilweise mit selbst genähten Sicherheitsgurten und von den Fahrerfrauen in ihrer Freizeit gefertigten Rennanzügen. Auch die Rennpreise passten sich nahtlos in dieses Gefüge sozialistischer Wertvorstellungen ein. Während sich Formel-I-Pilot Niki Lauda eine eigene Fluggesellschaft leisten konnte, bekam man am Sachsenring oder dem Frohburger Dreieck bestenfalls eine Werkzeugkiste oder einen Bettvorleger überreicht. Einmal, so will es die Legende, soll es beim Schleizer Dreieck-Rennen für den Sieger sogar einen Sessel gegeben haben. ■

Ulli Melkus in seinem MT 77-1 am 5. August 1984 beim 27. Internationalen Schleizer Dreiecksrennen, wo er in der Gruppe E bis 1300 ccm DDR-Meister wurde.

LKW und Nutzfahrzeuge

Der W 50 als zuverlässiger Erntehelfer.

Der Lastesel aus Ludwigsfelde

Neben einigen älteren Modellen, wie beispielsweise dem S 4000 sowie ein paar Fabrikaten aus den sozialistischen Bruderländern, war der W 50 auf den Straßen zwischen Ahlbeck und Zittau der Lastesel schlechthin. Im Laufe der Zeit wurde der Begriff W 50 hierzulande gar zum Synonym für LKW. Mit ihm wurden Wohnungsbauelemente von Leipzig nach Berlin gefahren, Fisch von Rostock nach Halle transportiert und oft fuhr man damit (nach Feierabend

Auch in Südamerika war der W 50 anzutreffen. Leider nahmen die Bananen, die mit ihm transportiert wurden, meist einen anderen Weg.

Im Rahmen des »Individualverkehrs« war der W 50 oft auch privat im Einsatz.

Deutsch-Sowjetische Kooperation im Winterdienst: Eine russische Schneefräse befördert den Schnee auf einen W 50.

Der Husarenritt im Nép-Stadion

Diese waghalsige Aktion machte nicht nur den W 50 endgültig zur Legende, sondern auch den Fahrer unsterblich. Testfahrer Michael Primus stellte im Jahre 1968 die enorme Steigfähigkeit des W 50 unter Beweis. Im Budapester Nép-Stadion fuhr er die Treppe zwischen den Zuschauerrängen bis zum oberen Stadionrand problemlos hinauf. Seine Robustheit machte den LKW übrigens nicht nur international sehr beliebt, sondern auch für die Militärs interessant. Selbst im zweiten Golfkrieg wurde der LKW aus Ludwigsfelde noch auf Irakischer Seite noch eingesetzt. ■

und selbstverständlich »schwarz«) auch schnell mal einkaufen. Man konnte Pflanzenschutzmittel mit ihm ausbringen, Waren des täglichen Bedarfs zur HO liefern und manch tollkühner Landwirt soll in Ermangelung eines betriebsfähigen Traktors sogar mit ihm das Feld geackert haben.

Es gab den W 50 in rund 60 verschiedenen Varianten, angefangen vom Kipper über die Kastenausführung, die Pritschenvariante, zahlreiche Militärvarianten bis hin zum Kofferaufbau und dem Feuerwehrfahrzeug.

Der Vierzylinder-Viertakt-Dieselmotor leistete mit einem Hubraum von 6 560 ccm immerhin stolze 125 PS. Mit diesen Grundleistungsdaten sowie den vielen Varianten (insgesamt gab es rund 240 Ausführungen für die unterschiedlichsten Anforderungen) avancierte der Ende der 50er- bis Anfang der 60er-Jahre entwickelte W 50 auch zum Export-Schlager der DDR. In mehr als 40 Staaten weltweit wurde er geliefert. Es gab ihn mit kurzem und langem Radstand, mit kurzem und langem Fahrerhaus (mit zwei, vier, sechs oder zehn Sitzplätzen), mit Hinterachs- oder Allradantrieb, mit 10 oder als Zugmaschine mit 16 Tonnen Anhängelast, mit normalen oder Niederdruckballonreifen und mit oder ohne Dachluke.

Insgesamt wurden zwischen 1965 und 1990 im VEB Automobilwerke Ludwigsfelde weit über eine halbe Million LKW vom Typ W 50 gebaut und ausgeliefert. Das »W« der Typenbezeichnung W 50 steht übrigens für Werdau. Im dortigen VEB Kraftfahrzeugwerk »Ernst Grube« wurde der LKW entwickelt. ▸

Die Sache mit der Dachluke

Verfügte ein in den 80er-Jahren in der sozialistischen Wirtschaft der DDR fahrender W 50 über eine Dachluke, war seine ursprüngliche Zweckbestimmung klar: es handelte sich entweder um einen Gebrauchten aus NVA-Beständen oder um einen Neuen, der für das Militär vorgesehen war. Aufgrund der hohen Exportquote konnte das Werk die Binnennachfrage nicht mehr befriedigen. Deshalb wurden ursprünglich militärisch genutzte oder nicht exportierte Militärfahrzeuge zunehmend den Produktionsbetrieben zugeführt. ■

Ab 1991 waren Robur-Laster auch für die Vereinten Nationen in Jugoslawien im Einsatz.

Robur – Der Eroberer aus Zittau

Robur, der Eroberer – so nannte Jules Verne seinen Roman, und aus dem Lateinischen übersetzt bedeutet Robur so viel wie Kraft oder Stärke. Und in der Tat wurde der legitime Nachfolger des bis 1945 produzierten »Phänomen« der führende Kraftwagen für Lasten bis drei Tonnen in der DDR. Zwischen 1950 und dem offiziellen Produktionsstart des Robur wurden noch einige Phänomen Granit und der Vorläufer des Robur, der Garant, hergestellt.

Auf der Leipziger Frühjahrsmesse 1961 wurde schließlich der Robur LO 2500 präsentiert, der bis 1989 das Bild im DDR-Straßenverkehr mitbestimmte. Es gab ihn als Pritschenfahrzeug, als Kleinbus oder Löschfahrzeug, als Militär-LKW (meist in der Allrad-Variante LO 1800-A), als Kipper oder landwirtschaftliches Nutzfahrzeug, als kommunalen Einsatzwagen, mobile Arztpraxis und in vielen anderen Varianten.

Robur-Kleinbus vor der Rostocker Nikolaikirche.

Durch die Luftkühlung des Motors konnte der Robur quasi unter allen klimatischen Bedingungen eingesetzt werden und war daher als Exportartikel für Fahrten in der Wüste ebenso prädestiniert, wie für den Einsatz im skandinavischen Winter. Zudem hatte er bei einer Nutzlast von knapp drei Tonnen (die Allrad-Variante konnte gar nur 1,8 Tonnen bewegen) mit 70 Pferdestärken ausreichend Muskeln unter seiner Haube.

Barkas B 1000

Der Barkas B 1000 war zweifelsfrei die »Caravelle des Ostens« und musste nach seiner Markteinführung im Jahre 1961 auch keinen Vergleich mit der Schwester aus Wolfsburg

Schnell war er nicht, der Robur. Also gerade richtig als Transportmittel für die Deutsche Post.

scheuen. Allein die Tatsache, dass das Fahrzeug bis 1989 kaum nennenswerte Weiterentwicklungen erfuhr, führte allmählich zum Verlust seiner internationalen Konkurrenzfähigkeit.

Ausgestattet mit einem zwischen Fahrer- und Beifahrersitz installierten Wartburg-Motor brachte der Nachfolger des Framo immerhin 46 PS auf die Straße. Den offiziell als »Schnelltransporter« bezeichneten B 1000 gab es als Kleinbus sowie als Kasten- und Pritschenwagen und er war ausschließlich für Betriebe und öffentliche Einrichtungen verfügbar. Es

Bei der NVA hießen die Robur einfach nur »Ello« und waren oft älter als ihre Fahrer.

Der falsche »Ello«

Im Volksmund wurde der Robur wegen der Typenbezeichnung LO einfach nur »Ello« genannt, obwohl das manchmal völlig falsch war. Das L stand für »luftgekühlt« und traf auf alle Varianten zu. Das O jedoch stand für »Ottomotor« und war daher für mit Dieselmotor ausgerüstete Robur (die deshalb mit der Typenbezeichnung LD versehen waren) unzutreffend. Da es jedoch kaum Diesel-Robur gab und rein äußerlich zwischen einem Diesel und einem Benziner sowieso kein Unterschied festzustellen war, setzte sich die Bezeichnung »Ello« durch. ■

Barkas privat

Eine der Voraussetzungen, um einen B 1000 eventuell privat erwerben zu können, war der Umstand, dass ein Familienmitglied an den Rollstuhl gebunden war.

Nur sehr selten gelangte ein B 1000 einmal in Privathand. Und wenn, dann war es ein Gebrauchter mit erheblichen Mängeln und selbst den gab es nur auf Zuweisung durch den jeweiligen Rat des Kreises. Wer beispielsweise ein behindertes Kind hatte, konnte darauf hoffen, irgendwann einmal einen eigentlich für den Schrottplatz bestimmten Barkas auf einem Polizeihof oder in einem Betrieb abholen zu dürfen. Der Preis für ein solches »Schnäppchen« lag in der Regel zwischen 5 000 und 10 000 Mark – zuzüglich Reparaturkosten. ■

Die wenigen B 1000, die sich in Privathand befanden, erkannte man auf den ersten Blick an ihrem guten Pflegezustand und der Lackierung.

Die »Caravelle des Ostens«: Barkas B 1000.

Wirtschaftwunder »B 1000«

Neben dem LKW W50 war der Barkas B 1000 das bedeutendste individuelle Warentransportmittel in der DDR. Nicht nur für Unternehmen und öffentliche Einrichtungen war das Fahrzeug ein unentbehrlicher Helfer. Auch »indivuduell« wurde der Schnelltransporter häufig genutzt. Es gab Betriebe, deren B 1000 rund um die Uhr im Einsatz waren. Tagsüber im Betrieb, nach Feierabend bei den Mitarbeitern zu Hause. Da wurde Baumaterial von der BHG zu einem Bekannten transportiert, der dafür seinen Schlafzimmerschrank hergab. Dieser wurde gleich zur Kindergärtnerin gefahren, von deren Gatten man im Gegenzug eine Ladung Dachziegel erhielt. Und am kommenden Morgen stand der B 1000 wieder auf dem Betriebshof, als wenn nichts gewesen wäre und leistete weiter zuverlässig seinen Beitrag zum Aufbau des Sozialismus. ■

gab ihn als Krankenwagen, Feuerwehrauto, Leichenwagen, Polizeiauto, Militärfahrzeug, Personentransporter und sogar als Sattelschlepper. Man mag es kaum glauben, aber der kleine Lastesel aus Hainichen konnte bis zu einer Tonne tragen!

Kurz vor Ende der DDR durfte sich der Barkas noch einmal eines neuen Motors erfreuen. Der B 1000-1 wurde mit einem in VW-Lizenz gefertigten Viertakter ausgeliefert.

Von der Dieselkarre zum Multicar

Für kleinere Lasten, die über eine kurze Distanz bewegt werden mussten, gab es in der DDR eigentlich nur eine Lösung: den Multicar M21. Bevor der jedoch vom Band rollte, machte ein anderes legendäres Fahrzeug als dessen Vorgänger Karriere: die Dieselkarre DK 3 aus Walthershausen. Das war ein wirklich sehr originelles Fahrzeug. Nicht nur, dass es durch Gewichtsverlagerung auf einem Kippbrett mit den Füßen gelenkt wurde und man es daher nur stehend fahren konnte.

Die Dieselkarre DK 3 wurde ursprünglich in Ludwigsfelde als Elektrokarren entwickelt, dann aber in Walthershausen mit einem Dieselmotor gebaut.

Unbequem war das schon mit der Zeit, immer nur in stehender Haltung zu fahren. Aber die DK 3 war schließlich keine Reiselimousine, sondern ein Arbeitsgerät.

Nein, mit diesem Dieselkarren fuhr man zudem stets vorwärts, auch wenn man rückwärts fuhr. Der Fahrer drehte sich einfach nur um und konnte dann in der Gegenrichtung – die Ladefläche voran – weiterfahren. Die Dieselkarre war das ideale Fahrzeug für kleine Gewerbetreibende. Da es die in der DDR bald nicht mehr gab, wurde auch die DK 3 vom Multicar M21 ersetzt. ■

Leerfahrten wie diese waren selten. Manch tollkühner Besitzer hat die DK 3 schon mit einer Zuladung von mehr als zwei Tonnen vergewaltigt. Aber auch das nahm die Dieselameise nicht übel.

Zwei Generationen: die DK 3 und der Multicar.

Die Zweiräder

Simson: Von Mokicks und Mopeds

Dass selbst heute noch die Mokicks oft fälschlicherweise Mopeds genannt werden, ist sicher in der Überlieferung der Begriffe begründet. Echte Mopeds, also »Motorrad mit Pedalen«, gab es in der DDR eigentlich nur in zwei Typen. Das waren die SR-1 und die SR-2, die beide im Volksmund »Essie« oder »Esser« hießen. Beide Typen wurden in der Zeit zwischen 1955 und Anfang der 60er-Jahre gebaut. Von 1970 bis 1972 produzierte man das SL-1, das zwar eigentlich auch ein Moped war, aber unter der Bezeichnung Mofa (Motorfahrrad) geführt wurde. Alles, was man bei Simson sonst noch mit Motor auf zwei Rädern produzierte, vom KR 50 bis zum S 70, waren echte Mokicks, also »Motorräder mit Kickstarter«. ▸

Ost-West-Verwandtschaft mal anders. Diese Zündapp aus der BRD und der SR-2 aus der DDR haben nicht nur zwei Räder gemeinsam.

Die Schwalbe war nicht ganz so beliebt bei den Jungs, weil sie mit dem niedrigen Einstiegstunnel explizit frauenfreundlich konzipiert war.

Agnes Kraus alias »Schwester Agnes« fährt eine Schwalbe.

Dieser KR 50 kostete 1963 stolze 1265 Ostmark, der junge Mann auf dem Sitz kostete dagegen nur jede Menge Nerven.

Die Vogelserie lernt das Fliegen

Dass die Bezeichnungen der bei Simson gefertigten Mokicks fast alle mit S anfingen, war Zufall, wie die Ausnahme des Habicht zeigt. Kein Zufall aber war, dass die Suhler Zweiräder ab dem KR 51 (das war die Schwalbe) ausnahmslos nach Vögeln benannt wurden. Da gab es neben Schwalbe und Habicht schließlich auch den Star, den Spatz und den Sperber.

Technisch etwas aus der Reihe dieser Aufzählung tanzt eben jener Sperber. Mit 4,7 PS und einem Viergang-Getriebe brauchte man für dieses Gefährt einen Motorradführerschein. Wer den allerdings hatte, wollte dann natürlich auch eine richtige MZ fahren. Da der Sperber als »Zwitter« aus diesem Grunde wenig gefragt war, baute man eine Mokick-Variante: das Fahrwerk vom Sperber, den Motor vom Star, das Viergang-Getriebe ebenso wie die Zündanlage neu – fertig

Für ein Simson S 51 schlugen die Herzen der Jungs schon in frühestem Kindheitsalter.

Mit der »Simme« durch die Teenie-Jahre

Als Nachfolger des Star und des Habicht beendete das S 50 im Jahre 1975 die Ära der »Vogelserie«. Über eine halbe Million Exemplare des S 50 liefen in den nur fünf Produktionsjahren bis 1980 vom Band und es war der Traum eines jeden Jugendlichen in den 70er- und 80er-Jahren. Das in nahezu allen Belangen überzeugende Fahrwerk wurde auch bei allen Nachfolgemodellen, angefangen beim S 51 über das S 53 bis hin zum S 70, weiterverwendet. Die Fahrzeuge dieser S-Reihe hatten zwar offiziell keine Namen wie die in der Vogelserie produzierten Mokicks, werden aber im Volksmund noch heute liebevoll »Simme« genannt. Es ist die Verniedlichung der Herstellerbezeichnung »Simson«.

Übrigens konnte keines der ab 1990 gefertigten Nachfolgemodelle je wieder an den Erfolg der Vogelserie oder der S 50- bis S 70-Reihe anknüpfen. Der »Star 50« war der letzte in Suhl gebaute Kleinroller. Er lief noch bis 2001 vom Band. Im April 2002 musste das Werk endgültig Insolvenz anmelden. ∎

Mit dem S 51 zur Disco zu fahren, hatte Vor- und Nachteile. Der gesteigerten Aufmerksamkeit der Mädchen stand die Frage gegenüber: »Wohin mit dem Helm?«

Zeige mir, womit du fährst und ich sage dir, wer du bist.

Der Star war bis 1975 die unangefochtene Nummer eins bei der DDR-Jugend.

war der Habicht. Da er als »kleiner Bruder« des Sperber mit dem Moped-Führerschein gefahren werden durfte, wurde der Habicht zum Verkaufsschlager.

Den Vogel unter diesen Vögeln schoss jedoch die legendäre Schwalbe ab. Als Kleinroller für überwiegend Frauen konzipiert (deshalb der niedrige Einstiegstunnel), wurden zwischen 1964 und 1986 über eine Million Exemplare der Schwalbe hergestellt und verkauft. Selbst Jungs fuhren damit, auch wenn sie es noch heute nur ungern zugeben wollen.

Der Dampfhammer aus der Suhler Waffenschmiede

Mit dem Begriff »Awto-Weloziped« können wohl selbst die überzeugtesten unter allen gelernten DDR-Bürgern kaum etwas anfangen. Wohl aber mit der geläufigen Abkürzung, denn die legendäre Awo war eines der robustesten, leistungsfähigsten und beliebtesten Motorräder, die je in der DDR gebaut wurden. Nicht minder Aufsehen erregend sind die vielen Geschichten, die sich um dieses Gefährt ranken.

Überholen ohne einzuholen

In der DDR durften Zweiräder mit einem Hubraum bis 50 ccm und einer Höchstgeschwindigkeit bis 60 km/h bereits geführt werden, wenn man das 15. Lebensjahr vollendet hatte. Damit konnte man nicht nur früher, sondern vor allem auch schneller fahren als in anderen europäischen Staaten. Das hatte nicht nur bereits zu DDR-Zeiten positive Auswirkungen auf die Verkaufszahlen, sondern auch nach der Wiedervereinigung auf die Beliebtheit der DDR-Mokicks. Denn laut Einigungsvertrag und Fahrerlaubnisverordnung dürfen diese Fahrzeuge, sofern sie vor dem 28. Februar 1992 zugelassen wurden, in Deutschland trotz einer Höchstgeschwindigkeit von 60 km/h mit einer Fahrerlaubnis der Klasse M gefahren werden. Eigentlich erlaubt die Klasse M lediglich das Führen von Fahrzeugen mit einer Höchstgeschwindigkeit von 45 km/h. ■

Bei den jungen Frauen gehörte es zum guten Ton, wenigstens einmal auf dem Sozius einer Awo mitgefahren zu sein. Verliebte Jungs ließen ihre Angebetete mitunter sogar mal ganz allein darauf sitzen. Aber nur ganz kurz fürs Foto!

Da nach dem Krieg in der DDR keine Waffen produziert werden durften, erhielt die Jagdwaffenschmiede Suhl von der sowjetischen Militäradministration den Auftrag, ein Awto-Weloziped auf den Markt zu bringen. Die Übersetzung dieses Begriffs bedeutet so viel wie »selbstfahrendes Zweirad«. Noch interessanter jedoch ist die wörtliche Übersetzung des in russischer Sprache verfassten Auftrages an die Suhler Waffenschmiede. Sie lautete: »Man baue ein Motorrad aus Eisen.«

So sieht wahrer Stolz aus.

Dieses Eisenmotorrad erinnerte, wie sollte es anders sein, an die 250er BMW aus Eisenach. Schließlich ging der Hersteller dieses Motorrads, die Sowjetische Aktiengesellschaft Awtowelo, nicht nur aus der Jagdwaffenschmiede Suhl, sondern auch aus dem enteigneten BMW-Werk Eisenach hervor.

Auch der Berliner Roller (links) war dem Dampfhammer aus der Suhler Waffenschmiede (rechts) nicht gewachsen.

Die Awo wurde sowohl als Tourenmaschine als auch als Sport-AWO hergestellt. Der stehende Einzylinder verlieh ihr einen unverwechselbaren, noch heute in Kennerkreisen mit Ehrfurcht respektierten Klang. Ihm verdankt das Suhler Eisenmotorrad den Beinamen »Dampfhammer«. Außerdem war das 250 Kubikzentimeter-Aggregat der letzte Viertakter, mit dem ein Motorrad der DDR ausgestattet wurde. Danach gab es nur noch Zweitakt-Maschinen. Die Ventile wurden über Stößel und Kipphebel gesteuert, zukunftsweisende Nadellager verliehen den beweglichen Teilen nahezu grenzenlose

Haltbarkeit und außerdem verfügte die Awo über einen Kardanantrieb. Bei Leistungen von 12 (Touren-Awo) oder 14 bzw. 15 PS (Sport-Awo) ließ das Gefährt selbst nach Anbau eines Beiwagens kaum Wünsche offen. Doch nicht nur Männerherzen schlugen beim Anblick einer AWO höher. Es zählte in den 60er-Jahren zum guten Ton im Kreise der Petticoat tragenden Mädchen, mindestens einmal auf dem Sozius einer Awo mitgefahren zu sein. Dem Piloten blieb derweil oft nur die vage Hoffnung, dass das Mädchen wenigstens ein bisschen auch wegen ihm aufgestiegen ist …

Im Jahre 1961 – inzwischen wurde das Motorrad unter dem Markennamen Simson produziert – verließ in Suhl die letzte Awo das Band. Die Ära der Produktion war zu Ende, die Legende aber

Neider behaupteten oft, die Awo sei für junge Männer eine Art sekundäres Geschlechtsmerkmal. Und in der Tat saßen die Frauen sehr gern auf dem Suhler »Awto-Weloziped«

begann erst. Bis heute rollen die robusten AWOs über die Straßen und schon so mancher stolze Besitzer ließ sich zu der Aussage hinreißen: »Das ist nicht tot zu kriegen, so ein Eisenmotorrad.«

Die MZ – das »Motorrad« schlechthin

Nachdem die sowjetische Besatzungsmacht das Zschopauer DKW-Werk komplett demontiert und nach Russland gebracht hatte, konnte erst 1952 wieder zaghaft begonnen werden, an diesem Standort Motorräder zu bauen. Es entstand die legendäre BK 350 mit Boxer-Motor und Kardan-Antrieb. Parallel zu diesem Modell wurde die RT-Reihe produziert. Gab es von der RT 125 nur rund 1600 Exemplare, lösten ihre unter der Marke MZ hergestellten Nachfolger schließlich auch die BK 350 ab.

Rarität: die Polizei-Awo

Die exakte Bezeichnung der Awo lautete übrigens »Awo 425«, wobei die 4 für den Viertaktmotor und die 25 für den Hubraum (250 ccm) steht.

Es gab darüber hinaus auch eine Awo 700, die noch vor der 425er entwickelt und von einem Zweizylinder-Boxermotor angetrieben wurde. Es handelte sich um eine Spezialkonstruktion für die Kasernierte Volkspolizei. Von der Awo 700 sollen der Überlieferung nach nur sieben Prototypen gebaut worden sein, die lange Zeit als verschollen galten. Erst nach der Wiedervereinigung wurde ein komplett erhaltenes Gespann in einer Thüringer Scheune entdeckt. Kurze Zeit später wurde sogar noch eines der verschollen geglaubten Triebwerke gefunden. Einem aufmerksamen Motorrad-Fan fiel eine 425er Awo auf, die seltsamerweise mit einem Boxermotor ausgestattet war. ■

Die MZ ES (**E**inzylinder, **S**chwinge) gab es in der 125-, 150-, 175- und 250-ccm-Version. Sie wurde in der DDR sehr schnell zum Inbegriff für Motorrad. Nicht minder erfolgreich waren die später aufgelegten TS- (**T**ele-**S**chwinge-), ETS- (**E**inzylinder-, **T**elegabel-**S**chwinge-) und ETZ- (**E**inzylinder-, **T**eleskopgabel-, **Z**entralkastenrahmen-) Versionen.

»So, Mandy, die läuft wieder. Ick mach mal noch kurz 'ne Probefahrt zum Konsum. Soll ick dir 'ne schicke Dederon-Schürze mitbringen?«

Die ES 250 sieht man heute leider öfter in Museen als auf Straßen.

MZ international

Die MZ-Motorräder waren zu allen Zeiten nicht nur in der DDR beliebt, sondern auch im Ausland. MZ war ein Export-Schlager! Vor allem in Großbritannien waren die Maschinen aus Zschopau sehr gefragt und man sieht sie dort heute noch oft im Straßenverkehr.

Auch im Fernen Osten ist die MZ nicht unbekannt. Gerüchte besagen sogar, dass die legendäre BK 350 später in China weitergebaut wurde. Bis auf einige Phantombilder und handgefertigte Zeichnungen hat jedoch noch niemand den Beweis der Existenz einer chinesischen BK erbringen können.

Weitaus einfacher ist es dagegen, eine ETZ in der Türkei zu finden. Nach der Wiedervereinigung und dem damit verbundenen Zusammenbruch der Motorradwerke Zschopau wurden die ETZ-Patente an das türkische Unternehmen Kanuni verkauft. Diesem gelang es offenbar, Märkte zu erschließen, von deren Existenz man in Deutschland nichts zu wissen glaubte. ■

Zschopau gilt als Wiege der Motorradproduktion in Deutschland. Zwischen 1950 und 1983 wurden hier zwei Millionen Motorräder unter dem Markennamen MZ produziert.

Auch auf Kuba war die MZ beliebt. Mit Tempo 100 aus dem Neubauviertel Havannas in die Zuckerrohr-Plantagen der Umgebung.

Die ETZ 150 auf der zentralen Messe der Meister von Morgen 1985 in Leipzig.

And the winner is ... MZ!

Zwischen 1963 und 1969 gewann MZ sechsmal die World-Trophy bei der Internationalen Sechstage-Fahrt, davon fünfmal in Folge. Dieser Wettbewerb ist praktisch die Weltmeisterschaft im Motorgeländesport. Im Jahre 1987 siegte die DDR in diesem Wettbewerb mit MZ noch einmal und sicherte sich zudem zum fünften Mal die begehrte »Six-Days«-Silbervase. Politisch brisant war übrigens der Sieg bei den Six Days im Jahre 1969. Vor den Augen des »Klassenfeindes« holten sich Uhlig, Salevsky, Halser & Co. die begehrte Trophy in Garmisch-Partenkirchen.

Den letzten großen Preis fuhr MZ mit der ETZ im Juli 2007 ein. Allerdings nicht auf der Rennstrecke, sondern direkt beim Publikum. Die Zuschauer des NDR wählten die »Etze« zum beliebtesten Motorrad Norddeutschlands – noch vor Horex und Harley Davidson!

Nicht genug der Superlative für MZ: Die ES 125/150 ist mit weit über 500 000 Exemplaren (einige Quellen berichten gar von fast einer Million) nicht nur das meistgebaute deutsche Motorrad, sondern auch das weltweit Erste mit asymmetrischem Abblendlicht! ■

Eine Mitarbeiterin des Motorradwerkes Zschopau prüft den Kabelbaum der neuen MZ-Maschine vom Typ ETZ 250. Fast 30 Jahre später wurde die »Etze« zum beliebtesten Motorrad Norddeutschlands gewählt.

Der Hollywood-Star Steve McQueen nahm 1964 mit der Startnummer »278« auf einer Triumph-Maschine an den im Thüringer Wald ausgetragenen »Six Days« teil. Auch er musste sich dem auf MZ gestarteten DDR-Team geschlagen geben.

Die Jawa

Wer keine Jawa hatte, der vermisste nichts. Wer aber eine besaß, der gab sie nur selten wieder her. Die 350er Jawa war lange Zeit das leistungsstärkste Motorrad, das man in der DDR mit Straßenzulassung offiziell erwerben konnte. Zudem hatte die Marke Erfolge vorzuweisen, mit denen selbst die VEB Motoradwerke Zschopau nur schwer mithalten konnten. Vor allem in den 1960er-Jahren holte die tschechische Traditionsmarke einige renommierte Titel, darunter sogar Weltmeisterschaften.

Ein Anblick, der die Herzen der Jawa-Fans höherschlagen lässt.

Aber die auch bei DDR-Jugendlichen beliebten Jawa-Mustang & Co. hatten zwei Probleme. Das erste war die Optik. Die Jawa sah nicht wie ein Motorrad, sondern eher wie ein erwachsen gewordenes Mokick aus. Das gleiche Problem hatte übrigens der Sperber, der allerdings von vornherein als Einsteigermodell konzipiert war. Das zweite Problem der Jawa waren die vielen verchromten Teile. Die sahen zwar anfangs richtig gut aus und zogen alle Blicke auf sich, aber wer nicht ständig mit Putzlappen und Elsterglanz hinterher war, konnte Lenker, Tank, Auspuff und den anderen Teilen beim Rosten zuschauen.

Man konnte somit auf den ersten Blick erkennen, wer seine Jawa liebte. Und wer sie so liebevoll pflegte, konnte sicher auch über das etwas blecherne Geknarre hinweghören, das die Jawa statt eines Motorgeräusches von sich gab. ■

Viel Chrom, viel Leistung und viele Lorbeeren: die 350er Jawa war eines der Aushängeschilder des Ostblocks.

Deutsche Wurzeln

Es war eine Munitions- und Waffenfabrik, die František Janeček 1929 zum Motorradwerk umbaute. Mit einer Lizenz der deutschen Wanderer-Werke baute er in den 1930er-Jahren ein 500-ccm-Motorrad. Die Markenbezeichnung Jawa ergibt sich aus den beiden Anfangsbuchstaben von Janeček und Wanderer.

Bis 1951 wurden bei Jawa sogar noch Autos gebaut. Allerdings musste die PKW-Produktion auf Druck der damaligen tschechischen Regierung eingestellt werden, da der Marke Skoda im eigenen Land keine Konkurrenz gemacht werden sollte. Der Jawa Minor hatte bis dahin sogar bei der Rallye Monte Carlo und beim 24-Stunden-Rennen in Le Mans für Furore gesorgt. ■

Busse

Nicht alles, was Ikarus heißt, kann fliegen

Logisch war sie, die Lösung der ungarischen Ingenieure. Baut man in einem Bus den Motor hinten ein, wird der Lärmpegel im Fahrgastraum auf ein absolutes Minimum beschränkt. Da ein Bus vorwärts fährt, bewegt er sich praktisch permanent von der Lärmquelle weg.

Der Heckmotor und ein wegen des fehlenden Frontwindes drastisch vergrößerter Kühlerbereich war der Grund, warum die ab Mitte der 1950er-Jahre produzierten Ikarus 55 und Ikarus 66 ein so charakteristisches Hinterteil hatten.

Für Kinder war vor allem interessant, dass sich hinter der Heck-Zwischenscheibe, noch einige Armaturen befanden, die man während der Fahrt beobachten konnte.

Infolge der durch die Sowjetunion diktierten Arbeitsteilung innerhalb der RGW-Staaten waren die ungarischen Ikarus-Werke der alleinige Hersteller von Bussen im sogenannten sozialistischen Wirtschaftssystem. Bisweilen war Ikarus der weltgrößte Produzent von Bussen. Über 15 000 Stück liefen zeitweise pro Jahr vom Band. Und auch in der DDR galt: wer Bus fährt, fährt Ikarus. Lediglich ein paar Kleinbusse aus der Robur-Reihe konnten die absolute Phalanx der Ikarus-Busse hier und da durchbrechen. Aber die Ikarus-Busse haben die DDR-Bürger durch fast alle Lebenslagen begleitet, sei es als Schulbus, als Transitfahrzeug ins Ferienlager oder beim Klassenausflug, auf dem Weg zur Arbeit, als Sonderbus beim Brigadeausflug oder im täglichen Linienverkehr.

In Letzterem hatte vor allem der Typ Ikarus 280 bis zum Ende der DDR die Nase vorn – sowohl solo, als auch als Gelenkbus.   ▸

Der Bus war sowohl im Linienverkehr als auch im Sondereinsatz das meist genutzte Verkehrsmittel.

Gab es in den 1950er-Jahren wenigstens rein äußerlich noch eine gewisse Vielfalt im Design der Omnibusse im Ostblock (Foto), war spätestens ab den 1970er-Jahren visueller Einheitslook Marke »Ikarus« angesagt.

Der Heckmotor des Ikarus 66 erforderte auch ein markant gestyltes Heck.

Mit dem Heckmotor war allerdings schon nach der Baureihe 66 Schluss. Die meisten der nachfolgenden Modelle hatten Unterflur-Motoren. Die Passagiere saßen sozusagen fast auf dem Antriebsaggregat und konnten vom Schaltvorgang über die Drehzahl bis hin zu eventuellen Störungen auf direktem Wege Kenntnis erlangen. ■

Eines der letzten 66er Modelle von Ikarus. Eine Kühlergrill-Imitation war der erste Schritt zum Facelifting, das schließlich in der kompletten Neukonstruktion des Ikarus 280 gipfelte.

Was sonst noch so herum fuhr

Marke »Eigenbau«: der Marktführer in der DDR

Wer in der dunklen Jahreszeit durch die volks-eigene Heimat fuhr, konnte des Öfteren beob-achten, wie hinter den blinden Scheiben eines abgelegenen Schuppens grelles Licht aufblitz-te. Das geschulte Auge meldete dem Hirn: hier schweißen Leute an einem »Wiesel«, einer »Ben-zinkuh«, einem »Mackeier« oder wie immer die Eigenbau-Fahrzeuge im Volksmund genannt wurden. Nur wenige Wochen später holperte der stolze Eigentümer mit dem typenlosen Unikat über irgendwelche Wiesen: beladen mit gefun-denen Baumaterialien, die er nun beim Tischler gegen Kupplungsscheiben für einen Lada oder eine Ladung Dachziegel tauschen wollte.

Auf gehts! Mit dem Wiesel ins Nachbardorf – ohne Zulassung und Kennzeichen – das gab es nur in der DDR.

Kann sein, dass da vorn ein Aggregat vom RS 09 tuckert. Wen interessierts? Hauptsache, das Ding fährt und man kann damit ackern, Futter holen, Zement transportieren und notfalls Oma zum Arzt bringen.

Von Genies und Allesfressern

Ob Fahrrad, Moped oder PKW, ob Trabant, Wolga, W 50 oder Traktor, sie alle hatten ei-nes gemeinsam: im hohen Alter wurden sie zu Zulieferergruppen für den Produktionszweig

»individueller Fahrzeugbau«. Was da so alles nach Feierabend in Werkstätten, Garagen und alten Schuppen zusammengeschraubt wurde, verriet oft nicht nur handwerkliches Können, sondern bisweilen auch einen immensen inge-nieurtechnischen Hintergrund. ▸

Benzinrasenmäher aus dem Hause »Eigenbau«. Mit bis zu 7 Litern auf 100 Kilometer ist dieses Produkt auch für größere landwirtschaftliche Nutzflächen geeignet.

Die selbst gebauten Zugmaschinen waren wichtige Helfer beim Aufbau der sozialistischen Privatlandwirtschaft.

Der Mackeier aus dem »VEB Individueller Fahrzeugbau« verlässt das Band. Der Ingenieur, Entwickler, Konstrukteur, Materialbeschaffer und Monteur strahlt vor Stolz.

Nicht selten kam es vor, dass sogar Fachleute darüber ins Staunen gerieten, was man mit wenigen Mitteln so alles an Fahrbarem bauen konnte. Und noch erstaunlicher war, womit diese Vehikel fuhren! Dem Spektrum der möglichen Treibstoffe waren quasi keine Grenzen gesetzt. Es wurde in den Tank geschüttet, was gerade vorhanden war. Was sollte denn schon passieren, es war doch »nur« der Mackeier. Und siehe: der alte Lada-Motor fuhr plötzlich auch mit Waschbenzin oder sogar Katalyt (Ach, hätte man diesen Mut doch gehabt, als der Motor noch die Familienkutsche antrieb!). Selbst das Aggregat einer alten AWO nahm dankbar Petroleum, ohne sich dabei zu verschlucken.

Rezept

Man nehme vier Doppel-T-Träger und schweiße daraus ein Viereck. Darunter befestige man die Hinterachse eines Robur, vorn die Vorderachsschenkel eines RS 09. Wenn man nun den Motor des verschrotteten Hanseat »Tempo« quer einbaut, kann man das Differenzialgetriebe des ausgeschlachteten B 1000 direkt erreichen, ohne die als Bremskraftübertrager zweckentfremdete Lenkstange des Multicar verlegen zu müssen. Nun noch die Sitzbank einer Schwalbe quer eingebaut und fertig ist der Mackeier.

Serviervorschlag: Ein Dach, eine Frontscheibe, Türen, Motorhaube oder Kotflügel sind nur unnötiger Ballast und beeinflussen die Grundleistung des Fahrzeuges negativ. Die Formel lautet: Hubraum statt Spoiler! ■

Die Palette der Vehikel, die aus dem Produktionsbereich des individuellen Fahrzeugbaus stammten, reichte vom Rasenmäher über Anhänger und Motorhacken bis hin zum landwirtschaftlich genutzten Schlepper. Und wenn eines Tages selbst die Eigenbau-Motorhacke ihren Geist aufgab, konnte der Motor meist noch als Antrieb für einen selbst gebauten Betonmischer verwendet werden. ■

An der Tankstelle

Grüße vom Minol-Pirol

Die heutigen Preise an den Zapfsäulen haben für ehemalige DDR-Bürger fast schon so etwas wie Nostalgiewert. Die berühmte 1,50 wird es zwar nie wieder geben, weil sie der psychologischen 1,499 geopfert wird, aber hinsichtlich des Verhältnisses von Einkommen zu Benzinpreis ist man bisweilen wieder im Arbeiter- und Bauernstaat angekommen.

Einzig ein liebgewordenes Maskottchen fehlt an den Zapfsäulen zwischen Ahlbeck und Zittau: der Minol-Pirol.

Innovative, gut aufgestellte und von hoher Flexibilität geprägte Marketingstrategen der heutigen Zeit würden annehmen, dass der Minol-Pirol als Werbeträger für die einzige Benzinmarke der DDR galt oder wenigstens als Merchandising-Produkt das Pendant zu den heute beliebten Pokemons darstellte. Doch

weit gefehlt! Der süße blau-gelbe Vogel warb nicht für den Verbrauch von Benzin, sondern eher für den sparsamen Umgang mit selbigem. Denn Treibstoff war knapp in der DDR. Gab es bis Ende der 70er-Jahre noch Treibstoff, der mit 79 Oktan selbst die robusten Moskwitsch zum Husten brachte, hatte man ab etwa 1980 die zweifelhafte Qual der Wahl zwischen 88 und 92 Oktan. Der VK 88 (Vergaserkraftstoff 88 Oktan) klopfte sowohl pur als auch im Zweitakt-Gemisch für 1,50 Mark in den Zylindern. Später kostete das Gemisch 1:33 dann 1,54 Mark. Der höherwertige VK 92 (auch VK »extra«) kam für 1,65 Mark aus den Zapfsäulen. An den »Intertank«-Tankstellen gab es auch VK 94.

Den letzten ganz großen Run auf die Minol-Tankstellen erlebte die Republik in den Herbsttagen des Jahres 1989. Da wurden bisweilen sogar Küchengefäße befüllt, um ohne für teures Westgeld tanken zu müssen einmal in den Schwarzwald und zurück zu gelangen. ■

Überall, wo man den Zusatz INTER lesen konnte, war's besonders teuer. INTER-Tank fand man daher fast ausschließlich an den Transitstrecken.

Verschenken Sie Kindheits- und Jugenderinnerungen ...

Das ganz persönliche Geschenkbuch
„WIR vom Jahrgang"

ist erhältlich für alle Jahrgänge von
1921 bis 1993
Die Reihe wird fortgesetzt.

Die Jahrgangsbände
gibt es auch als Ausgabe
„Aufgewachsen in der DDR".

Geschrieben von Autoren, die
selbst im jeweiligen Jahr geboren
wurden und ihre Kindheit und Jugend
in der DDR verbracht haben.
Erhältlich für alle Jahrgänge von
1935 bis 1989

Die neue Buchreihe
„Aufgewachsen in ..."
ist ein Geschenk für alle, die sich gerne
an die Kindheit und Jugend in ihrer Stadt
erinnern.

Für Aachen, Bremen, Chemnitz,
Darmstadt, und über 60 andere Städte
in Deutschland!

Für verschiedene Dekaden 40er & 50er,
60er & 70er, 80er & 90er erhältlich.

www.kindheitundjugend.de